LIBER PARAMIRUM

UNICURSAL

Copyright © 2018

Éditions Unicursal Publishers
www.unicursalpub.com

ISBN 978-2-924859-56-8

Première Édition, Ostara 2018

PARACELSE

LIBER PARAMIRUM

Tome Premier

COMPRENANT
LE LIVRE DES PROLOGUES

SUIVI DE LA
PARENTHÈSE SUR LES CINQ ENTITÉS

৵৵

Traduit par
Grillot de Givry
৵৵

1531

Unicursal

INTRODUCTION

*L*ES *livres, comme les hommes, ont leur destinée.*

Les uns font les délices des gens qui passent, recueillent l'approbation de leur siècle et connaissent la gloire d'un triomphe rapide.

Ceux-ci ont reçu leur récompense.

La génération du lendemain les délaisse et les abandonne pour jamais, avec la considération qui leur est due, dans la poudre des bibliothèques.

Les autres, censurés à leur apparition, critiqués avec partialité, honnis avec injustice, semblent dormir. On les oublie.

Ils se relèvent soudain et ressuscitent.

Telles sont les Œuvres de Paracelse.

Âprement discutées lors de leur publication, puis méprisées pendant plusieurs siècles, elles donnent, ici, la preuve la plus évidente de leur vitalité, en réapparaissant en une édition par laquelle elles reçoivent une consécration définitive.

Guy Patin écrivait au XVIIᵉ siècle : « Avez-vous ouï dire que le Paracelse s'imprime à Genève en quatre volumes in-folio ? Quelle honte qu'un si méchant livre trouve des presses et des ouvriers ! »

Aujourd'hui, Paracelse trouve un traducteur, et, qui plus est, des admirateurs et des disciples, parmi toute une élite intellectuelle qui attend, avide et inquiète, cette version longtemps réclamée.

Car les novateurs les plus hardis, les chercheurs les plus subtils pressentent, à juste titre, que, sous les formes barbares de son latin incorrect ou de son jargon tudesque, se cache un précurseur qui pourrait venir siéger, avec autorité, au sein des écoles les plus modernes, et leur dire : « N'avais-je pas prédit chacune de vos découvertes, et énoncé, en mon langage scolastique, toutes les lois qui régissent la matière, et que vous parvenez à formuler, peu à peu, à la suite de recherches pénibles et de travaux considérables ? »

Hâtons-nous de le dire, cependant : Paracelse est déjà officiellement réhabilité de l'autre côté du Rhin.

Non point comme en France, où il ne préoccupe guère que les curieux de l'occulte, les habitués du quai Saint-Michel, épris de sciences mystérieuses, en quête d'énigmes troublantes et d'hiéroglyphes inexpliqués, qui ne le connaissent que par anticipation, le citent sans l'avoir lu, faute d'une édition courante et déchiffrable, et l'apprécient seulement comme séduisant mystagogue.

En Allemagne, c'est le corps médical tout entier qui lui a prêté hommage, et qui, dans la gloire d'une apothéose dont nul, ici, ne se doute, lui a rendu, comme thérapeute, la justice à laquelle il avait droit.

Tandis que nos facultés et nos académies l'ignorent, tandis qu'il n'a pu franchir le seuil des sphères officielles, et qu'il est exclu des chaires et des amphithéâtres ; tandis que, dans certains milieux, on risque encore, au nom de Paracelse, un sourire narquois ou un sarcasme puéril, en Allemagne on le lit, on l'étudie, on le discute, sans engouement partial, sans illusions ni mirages trompeurs, mais avec toute la gravité sérieuse qui caractérise cette nation.

Paracelse y a reconquis sa place. On l'apprécie à sa juste valeur. Il a pénétré dans l'enseignement officiel. Il n'est point un occultiste, illisible et ténébreux, mais un classique incontesté. Les plus hautes célébrités médicales le considèrent comme un maître ; les professeurs les plus éminents lui ont consacré de précieuses études, et se sont livrés, sur sa personnalité et ses œuvres, à de longues et patientes recherches. Son souvenir plane au-dessus des facultés et des universités comme une sorte de palladium ; et il est bien près d'être proclamé le plus grand novateur des temps anciens et modernes.

Depuis le jour où l'érudit Christoph Gottlieb von Murr, vers la fin du XVIIIᵉ siècle, signala à l'attention publique, *dans une biographie enthousiaste*[1]*, de nombreux documents inédits relatifs à Paracelse, la gloire de celui-ci a toujours été grandissant.*

De sérieux travaux biographiques, bibliographiques et analytiques sur sa vie, ses livres et ses doctrines, commencèrent à voir le jour.

Dès 1838, le Dr Preu publiait le premier exposé important des théories paracelsiques[2]*, bientôt suivi d'un excellent essai de biographie du Dr Lessing*[3]*.*

Puis, ce furent Marx[4]*, en 1840, Hans Locher*[5]*, en 1851, Friedrich Mook*[6]*, en 1874, dont les travaux ne sont pas sans intérêt malgré les critiques violentes qu'il s'est attirées de la part de Schubert; le professeur Stanelli qui étudia ce que Paracelse avait pressenti de la science future*[7]*, et Ed.*

---

1   *Neues Journal zur Litteratur und Kunstgeschichte*, Leipzig, 1798-1799, tome II.

2   D^r. H. A. Preu. *Das System der Medicin des Theophrastus Paracelsus*, Berlin, 1838.

3   *D^r*. M. B. Lessing, *Paracelsus, sein Leben und Denken*, Berlin, 1839.

4   K. F. H. Marx. *Zur Würdigung des Theophrastus von Hohenheim*. Göttingen, 1840-1841.

5   *D^r*. Hans Locher. *Theophrastus Paracelsus*, Zürich, 1851.

6   Friedrich Mook, *Theophrastus Paracelsus, eine kritische Studie*, Würzburg, 1874.

7   Rudolf Stanelli, *Die Zukunft Philosophie des Paracelsus*, Moskau, 1884.

Schubert[8], qui prépara, avec Sudhoff, le premier essai de bibliographie complète, tenté en même temps en Angleterre par Ferguson[9].

En 1894, le très distingué et regretté professeur de Bâle, Georg W. A. Kahlbaum, prononça son immortelle conférence sur Paracelse, en cette ville où le Maître avait connu tant d'opprobres, où tant de calomnies avaient été déversées sur lui par Oporinus et par la faculté entière.

La réparation fut éclatante. Toute la Suisse intellectuelle et scientifique applaudit au discours de l'illustre professeur[10], qui restera l'exposé le plus parfait, le plus exact et le plus clair qu'on ait fait des œuvres de Paracelse, de la révolution qu'il a accomplie dans l'art médical, et de la place qui doit lui être assignée dans l'histoire de la Science.

La même année, notre éminent confrère en bibliographie, Karl Sudhoff, élevait à Paracelse ce monument impérissable qu'est sa magistrale et incomparable bibliographie[11], trois énormes volumes élaborés au prix de sacrifices

---

8   Ed. Schubert, *Paracelsus Forschungen*, Frankfurt-am-Main, 1887.

9   Prof. John Ferguson, *Bibliographia Paracelsica*. Glasgow, 1877-1893.

10   Georg.W. A. Kahlbaum, *Ein Vortrag gehalten zu Ehren Theophrast's von Hohenheim*, Basel, 1894.

11   Karl Sudhoff, *Versuch einer Kritik der Echtheit der Paracelsischen Schriften*, Berlin, Reimer, 1894, 3 volumes.

considérables, de laborieuses et patientes recherches à travers toutes les bibliothèques de l'Europe, et où sont cités, décrits et soigneusement collationnés, tous les manuscrits actuellement existants ainsi que toutes les éditions imprimées, des ouvrages qui portent le nom de Paracelse.

Désormais, l'illustre ermite d'Einsiedeln était réhabilité; sa gloire était devenue incontestable.

De nombreux savants continuèrent à suivre la voie féconde que ces maîtres leur avaient tracée: Hartmann, de Salzbourg, a donné de belles études sur les théories mystico-théologiques[12] de Paracelse; les docteurs von Petzinger[13] et Schneidt[14] lui consacrèrent leurs thèses inaugurales; Hugo Magnus, dans un résumé précis et clair de sa doctrine[15], lui a décerné le litre d'Archimédecin: der Ueberarzt, et le Dr Weiss a essayé de mettre en pratique sa thérapeutique et d'en obtenir des résultats[16].

---

12   Franz Hartmann, *Grundriss der Lehren des Theophrastus Paracelsus*, Leipzig, 1808. – Die Medizin des Th. Paracelsus. Id., 1899.

13   Joh. Fried. von Pefzinger, *Ueber das reformatorisches Moment in den Anschauungen des Theophrastus von Hohenheim*, Greifswald, 1898.

14   Wilhelm Schneidt, *Die Augenheilkunde*, München, 1903.

15   Hugo Magnus, *Paracelsus, der Ueberarzt*, Breslau, 1906.

16   Dr Weiss, *Die Arkana des Theophrastus von Hohenheim*, Gmund, 1912.

Puis les professeurs Aberle[17], de Salzbourg et Weber[18], de Londres, élucidèrent la question délicate des portraits, peints ou gravés, et des médailles frappées à l'effigie de Paracelse; et enfin un enfant d'Einsiedeln, le très distingué Raymond Netzhammer, archevêque de Bucarest, a publié la meilleure biographie[19] que nous possédions actuellement de lui, quoique bien des points restent encore à éclaircir.

Rendons hommage également au dévouement et au zèle infatigable que l'honorable conseiller fédéral de Suisse, M. B. Reber, a déployés pour contribuer à faire renaître, en sa patrie, la gloire de son illustre compatriote.

Jamais la mémoire de Paracelse n'a été plus célébrée qu'en ces dernières années.

On a restauré avec vénération son tombeau à Salzbourg et ce qui reste de sa maison natale, auprès du Pont-du-Diable; son buste a été placé dans la Klosterbibliothek d'Einsiedeln.

---

17   C. Aberie, *Grabdenkmal, Schädel und Abbildungen des Theophrastus Paracelsus,* Salzburg, 1891.

18   F. B. Weber, Theophrastus Paracelsus – *A portrait medal of Paracelsus – Additional remarks on Paracelsus,* London, 1893-1895.

19   Raymund Netzhammer, *Theophrastus Paracelsus, das Wissenswerkeste über dessen Leben, Lehre und Schrilten,* Einsiedeln, 1901.

Le nouvel hôpital d'oculistique de Zürich a été nommé « Paracelsus », en mémoire de l'habileté qu'il avait acquise dans le traitement des maladies des yeux.

L'évêque anglican de Londres a prononcé vers 1895, l'apologie de Paracelse dans une lecture publique sur la « Picturesqueness in History », faite au sein de la Royal Institution.

Enfin, en 1898, à l'occasion du congrès général des médecins et naturalistes d'Allemagne, l'exposition de Düsseldorff a réuni 126 objets ayant trait à Paracelse seul, et dont Sudhoff dressa le catalogue.

Nous sommes loin, ici, d'un pareil triomphe.

On ne voit encore, en Paracelse, qu'un alchimiste, et, partant, qu'un rêveur et un illuminé.

Seul, parmi les officiels, Bouchardat a fait amende honorable pour toutes les injures que ses confrères du passé lui ont prodiguées[20] ; mais depuis il n'a recruté et ne recrute encore, comme partisans et défenseurs, que quelques novateurs hardis, quelques homéopathes distingués, qui travaillent en marge des opinions reçues, des doctrines approuvées et de la pratique consacrée, tels que le furent Fauvety en 1856, Léon Cruveilhier en 1857[21] et le regretté Dr Léon Simon ;

---

20   Bouchardat, *Nouveau Formulaire magistral,* Paris, 1856, introduction.

21   *Revue de Paris,* 1857.

tels que le sont les docteurs Durey[22], Grasset[23], Vannier et Vergnes[24], de Paris ; Les docteurs Lalande et Gallavardin[25], de Lyon, et quelques autres qui s'efforcent de faire connaître à la France le génial archiâtre de la Renaissance.

Il n'y a donc pas lieu de s'étonner que l'idée d'élever, à Paracelse, le monument dont nous posons aujourd'hui la première pierre, n'ait pas germé dans les milieux officiels, et que la tâche prodigieuse que nous avons assumée n'ait encore tenté personne, puisque, même en Allemagne où il est tant fêté, Paracelse, n'a pas les honneurs d'une édition moderne et d'un texte pur, définitivement fixé, et enrichi de toutes ses variantes.

Nous n'avons pas voulu faire précéder notre traduction d'une nouvelle étude sur Paracelse.

Le prestige de son nom suffit à commander la lecture de son œuvre.

Un volume, d'ailleurs, n'eût pas suffi pour le présenter dignement au public moderne, pour éclaircir le troublant mystère de sa vie, dont beaucoup de points seraient encore restés dans l'ombre, pour donner un exposé de sa doctrine, et faire un tableau de l'état des connaissances philosophiques

---

22   La *Médecine occulte de Paracelse*, Thèse.

23   *La France médicale*, octobre 1911.

24   *L'Homœopathie française*, Revue mensuelle, passim.

25   *Le Propagateur de l'Homœopathie*, Revue mensuelle, avril 1912.

et médicales au début du XVIᵉ siècle, afin de préciser la portée de la révolution qu'il opéra dans la thérapeutique.

Nous renvoyons aux nombreux ouvrages cités plus haut, ceux de nos lecteurs qui, avant d'écouter la leçon du maître, voudront connaître l'homme et l'époque où il vécut.

D'ailleurs, on n'a déjà que trop disserté sur lui.

Il est temps de le lire, de connaître sa pensée, dans son texte même, d'en méditer toutes les phrases, afin de dissiper toutes les illusions que l'on s'est faites, depuis longtemps, sur ses écrits.

Nous donnerons donc seulement quelques notes brèves sur les diverses éditions de son œuvre, sur son langage, sur sa méthode de travail, et sur les règles que nous avons observées dans la présente traduction.

Auréolus Philippe Theophrastes Bombast, de Hohenheim, dit Paracelse, est né vers 1493 à Einsiedeln, en Suisse, et est mort en 1541 à Salzbourg.

Les seuls de ses ouvrages qui aient paru, de son vivant, sont la Dissertation sur le bois de Gaïac (1529), la Practica (vers 1530), la Prognostication (1530 ou 1531), le traité de l'Imposture des Médecins (1530), une autre édition de la Practica (1533), Les bains de Pfeffer ou Piper (vers 1535) et La grande chirurgie (1536).

Une grande quantité de livres existent sous son nom, soit imprimés, soit en copies manuscrites qui sont dispersées dans plusieurs bibliothèques de l'Europe.

*Nous ne pensons pas qu'ils doivent tous lui être attri-
bués ; néanmoins, ils portent les traces certaines de son influence et de son inspiration plus ou moins directe.*

*La plupart de ces ouvrages ont été publiés séparément,
les uns en allemand, les autres en latin. Quelques-uns existent en édition latine et en édition allemande.*

*Il paraît évident qu'il écrivit lui-même un certain nom-
bre de ses traités. Son éditeur de 1589, Huser, en donne
quelques-uns, revus, dit-il, sur le manuscrit autographe.
Vossius possédait aussi quelques manuscrits de sa main,
dans sa bibliothèque, et Wagenseil affirme en avoir vu un
dans la bibliothèque de l'Escorial. Quelques-uns, décrits par
Sudhoff, pourraient bien être ceux dont parle Huser.*

*Mais il est certain, également, qu'il en dicta beaucoup
d'autres à des secrétaires d'aventure, dont le plus célèbre fut
Oporinus.*

En quelle langue écrivit Paracelse ?

*« Toujours en allemand », répondent ses détracteurs,
prétextant qu'il ignorait absolument la langue latine.*

Nous ne pensons pas devoir être aussi exclusif.

*Il n'est pas douteux qu'il rédigea ses lettres en alle-
mand, comme l'attestent sa lettre à Érasme de 1526,
celles à Amerbach, de 1528, le* Consilium für den Abt
von Pfeffers, *de 1535 et la lettre* An den Magistrat von

Memmingen *de 1536, dont von Murr* [26] *a reproduit un fragment; et il affecta d'employer cette langue dans ses cours publics, comme une protestation contre le pédantisme des facultés.*

Mais dans ceux de ses ouvrages dont nous possédons le texte allemand, figurent toujours quantité de locutions latines.

Paracelse emploie la langue latine pour tous les termes techniques et scientifiques dont il ne trouve qu'un équivalent douteux dans sa langue maternelle, et il s'en sert avec une justesse d'expression telle, qu'il est impossible d'admettre qu'il n'ait pas connu parfaitement la langue scolastique de son époque. Ainsi tous les termes philosophiques, anatomiques et les Recepta, sont en latin.

De même, une ordonnance autographe de Paracelse, qui se trouve dans le Ms. II. 144 de la Bibliothèque de Vienne, feuillets 126 et 127, est également en cette langue, sauf un mot. Une main du XVIIe siècle a écrit: Inveni Theophrasti manu hec (sic) Recepta scripta contre lapidem. *Il y emploie, entre autres remèdes, le saxifrage, les cantharides et les yeux d'écrevisses.*

Ainsi, il est donc bien hasardeux de prétendre, qu'aucun des nombreux traités, que nous possédons de lui, n'ait pu être écrit originairement en latin.

---

26   *Neues journal zur Litteratur und Kunstgeschichte,* tome II.

Jusqu'en 1589, les œuvres de Paracelse circulèrent, éparses, soit en manuscrits, soit en opuscules imprimés.

Elles furent réunies pour la première fois, sous le nom de Bücher und Schriften, *en une édition parue à Bâle en 1589-90, chez Waldkirch, qui fut réimprimée en 1603-1618 à Strassburg, chez Lazare Zetzner.*

Renauldin, dans la Biographie de Michaud, cite une édition antérieure complète, qui aurait paru en 1575; mais comme toutes les assertions de ce critique partial et illettré sont suspectes, et que personne ne connaît cette édition, nous croyons qu'il y a erreur, et qu'il a confondu avec Aureoli Theophrasti Paracelsi Eremitae Philosophi Summi operum Latine redditorum tomi duo, Basilæ, *Pern, 1575, qui ne contient que quelques traités, et non les plus importants.*

L'édition de 1589 a été faite par les soins du savant J. Huser. Elle donne le texte allemand, presque toujours revu, dit celui-ci, sur les manuscrits autographes.

En 1603, cette édition des Œuvres complètes, traduite littéralement en latin, parut sous le titre de : Opera Omnia sive Paradoxa recenter latine facta *à Francfort, 1603, en dix volumes in-4ᶜ, chez Zacharie Palthénius.*

Cette traduction, fort fidèle, est aussi littérale que possible; elle reproduit exactement le texte allemand, et transcrit, mot pour mot, ses obscurités, sans se soucier de les expliquer.

Quel en est l'auteur? Bitiskius, dans la préface de l'édition de 1658, l'attribue à un Belge (Belga), qui ne connaissait pas suffisamment la langue allemande, et à un homme plus versé dans le droit que dans l'art chymique, a viro Juris potius quam chymicae artis perito.

Ceci paraîtrait s'appliquer à Gérard Dorn, qui était belge, et à Palthénius lui-même, qui était jurisconsulte; toutefois nous ne pensons pas qu'elle doive leur être attribuée en totalité, car nous avons trouvé la trace évidente de styles bien différents, ce qui indiquerait que plusieurs mains se sont distribué les diverses parties de cette grande tâche.

Il est à signaler qu'il n'a été tenu aucun compte, dans cette version latine, des versions, mêmes meilleures parues précédemment, telle que celle, si remarquable, du Liber Paramirum dont nous parlerons dans la suite.

En 1658, les frères de Tournes, célèbres imprimeurs de Genève, réimprimèrent, en 3 tomes in-f°, la version de 1603.

Quoique Bitiskius, qui fut chargé de la révision du texte, se soit vanté, de l'avoir amélioré considérablement, sa tâche a été minime; et il a reproduit, presque intégralement, la traduction de son devancier.

Cependant, l'ensemble est plus correct; certaines fautes y sont amendées, et quelques fragments y sont ajoutés.

Pendant toute l'exécution de la traduction que nous offrons aujourd'hui au public intellectuel et philosophique, nous avons eu constamment sous les yeux :

1° L'édition allemande de Waldkirch, de 1589 ;

2° L'édition latine de Palthenius, de 1603 ;

3° L'édition latine des frères de Tournes, de 1658 ;

dont nous avons suivi les trois textes, confrontant parallèlement chacune des expressions.

Ceci fait, nous avons eu recours aux éditions séparées, parues antérieurement, chaque fois que nous avons pu les rencontrer ; et nous avons signalé les variantes.

Pour les quelques ouvrages qui ont été traduits avant nous, soit en français, soit en d'autres langues, nous avons mentionné les différences d'interprétation que présente notre traduction.

Chaque fois que nous avons rencontré une expression caractéristique et originale dont la puissance eût pu être affaiblie en passant dans notre langue, ou bien un terme douteux, ambigu ou peu compréhensible, pour lequel nous ne hasardons notre explication que sous réserves, nous avons placé, entre parenthèses, le mot latin et le mot allemand.

Nous avons suivi littéralement les textes, en nous efforçant d'être impeccablement exact.

C'est un document que nous transcrivons, et non une œuvre littéraire que nous élaborons.

Il importait donc de savoir sacrifier l'élégance du style, au devoir d'être rigoureusement exact. C'est la règle que nous nous sommes imposée, au risque même d'être accusé de ne pas savoir écrire.

Les éditions latines de 1603 et de 1658 portent des manchettes résumant l'alinéa auxquelles elles correspondent.

Comme elles font double emploi avec le texte, et ne sont que l'œuvre d'un éditeur soigneux, nous nous sommes dispensé de les traduire, sauf dans le cas où, différant du texte, elles apportent à celui-ci quelque éclaircissement.

Nous avons voulu donner le texte pur, sans le charger de commentaires, qui eussent augmenté démesurément l'ouvrage et l'eussent défiguré par des opinions et des tendances.

De simples remarques grammaticales, nécessaires en quelques endroits pour justifier notre manière de traduire, ou bien l'explication, en quelques mots, des termes techniques, obscurs ou désuets, empruntée, autant que possible aux auteurs contemporains de Paracelse, telles sont les seules annotations que nous nous sommes permises.

Puisse cette grande tâche, qui nous a fait passer tant d'heures délectables, contribuer à l'évolution majestueuse de la Science éternelle et sacrée, à laquelle nous avons consacré nos forces, notre volonté et notre savoir.

GRILLOT DE GIVRY.
Paris, mai 1912.

ŒUVRES MÉDICO-CHIMIQUES

OU

PARADOXES

de très noble, très illustre et très érudit
Philosophe et Médecin

Aureolus Philippe Theophraste Bombast de Hohenheim

dit

PARACELSE

ↄ

PREMIÈRE PARTIE

Traitant des causes origine et traitement des maladies en
général, et contenant le
Liber Paramirum *sur l'Art de la Médecine et le*
Livre de la Génération des Choses sensibles.

❧

Ce titre est celui du premier tome de l'édition allemande
de 1599 et des éditions latines de 1603 et de 1658 publiées
par de Tournes. La matière contenue en ce tome forme les
trois premiers volumes de la présente traduction.

LE LIVRE DES PROLOGUES

(Libellus Prologorum)

EN DEUX LIVRES

❧❧

Les cinq premières éditions du liber paramirum ne comportent pas ces Prologues. Ceux-ci ont paru pour la première fois en allemand a strasbourg en 1575, et en latin dans l'édition de Palthénius de 1603. Ils n'ont jamais été traduits en aucune autre langue.

❧❧

PREMIER LIVRE DES PROLOGUES

PROLOGUE PREMIER

IL importe que tu saches d'abord, ami lecteur, que toutes les maladies, universellement, se traitent, coutumièrement, de cinq manières différentes. C'est donc par ce traitement (*curatio*) plutôt que par la connaissance des causes, que nous commencerons l'étude de notre médecine, puisque le traitement nous montrera, comme du doigt, les causes mêmes des maladies. Que le point essentiel de notre livre soit donc cet argument premier : Il existe cinq modes de traitement (*curationes quinque*), ce qui est comme si tu disais qu'il y a cinq médecines, ou cinq arts, ou cinq facultés, ou cinq médecins.

Il suffit qu'une seule de celles-ci séparément soit un moyen de médication (*facultas medicinæ*) pour la guérison de toutes les maladies. Car on trouve par cinq voies, comme nous l'avons dit, cinq méthodes possibles de médecine (*facultates medicinæ*), chacune desquelles doit être tenue pour la meilleure (*insignita*) par le médecin habile, compétent et expert en celle qu'il a choisie, qui, comme maître savant en l'un des grades de ces cinq méthodes, sera capable de guérir quelque accident ou souffrance que ce soit, en l'une et l'autre médecine.

Que celui-ci s'efforce donc, par une quotidienne application, de parvenir, en l'une quelconque de ces méthodes, à un tel degré de science et d'expérience (outre qu'il soit bon (*fas*) d'acquérir une connaissance exacte de son âme d'abord, et du corps du malade ensuite) qu'il possède un fondement solide de cette méthode, en tout ce qui incombe exactement à cette étude; qu'il sache et comprenne de lui-même beaucoup plus de choses que du malade; qu'il tienne la base de sa science placée en lui-même et non en une subjectivité étrangère; qu'il ne se détourne ni ne s'écarte d'une cause dans une autre; qu'il n'hésite pas en lui-même comme s'il passait d'une opinion à une autre, ni ne discute inconsidérément. Car chacune de ces méthodes, suffisamment parfaite, *per se* et *in se*, est une disquisition et une compréhension tant théorique que pratique et physique, en vue de la connaissance des causes et de la guérison des maladies. Et c'est par ceci que nous avons voulu terminer et conclure cet exorde à notre premier livre médical.

PROLOGUE II

PUISQUE, par ce qui précède, nous avons montré qu'il existe cinq méthodes (*facultates*) différentes, dont chacune subsiste séparément, indépendante des autres, et que nous avons enseigné que quiconque est instruit dans une seule de celles-ci, est suffisamment apte à être médecin en l'une et l'autre médecine, pour toutes les maladies possibles, ainsi il faut donc avoir bien soin ici, non de discourir également sur chacune des cinq cures qu'on peut appliquer aux cinq causes qui apparaissent dans toutes les maladies, mais de décrire complètement cinq genres de traitement (*curatio*) dont un quelconque, en particulier, concerne toutes les causes des maladies, comme nous le rapporterons plus amplement ensuite.

D'abord, si tu veux être médecin, songe en toi-même que la médecine est double : la médecine Clinique ou Physique, et la médecine Chirurgicale ; (*der Leib=und der Mundartznen*) ce qui ne veut pas dire qu'elles aient, pour cette raison, deux origines ; c'est une division purement spécifique qui porte en elle-même sa raison d'être. Car la Fièvre et la Peste proviennent de la même source et cependant se distinguent fort bien l'une de l'autre. Car, d'une part, cette source (ou cause morbide) se résout en putrescence interne comme les fièvres qui obligent à garder le lit (*clinice*); d'autre part, elle se termine en peste, c'est-à-dire quitte le centre pour venir occuper la surface externe. Dirige attentivement ton esprit sur ce que je viens de dire, afin que tu possèdes la raison de l'une et de l'autre médecine. Toute affection qui, du centre, vient à la superficie, est de considération physique. Celle qui, au contraire, de la surface externe gagne le centre, doit être attribuée à la chirurgie. Mais remarquez ceci : Tout ce qui, par la sécrétion de la nature, se résout en émonctoires constitués du corps, est entièrement physique, d'après les considérations elles-mêmes. Mais ce qui fait irruption par des émonctoires non naturels, est chirurgical. Donc, tout ce qui, par suite de la place occupée sur le corps, peut être visible, doit être considéré comme une blessure. Si le mal, au contraire, demeure caché, il appartient à l'ordre physique. Et c'est vraiment par cet état de choses que se divisent les médecins. Mais il convient d'étudier avec plus de soin ce qui se rapporte aux sectes médicales. Ils sont divisés en deux classes (physique et chirurgie), mais leurs sectes sont au nombre de cinq; et ils accomplissent leurs guérisons par cinq méthodes différentes, parce que les origines des causes de toutes les maladies sont au nombre de cinq, que chacune des sectes considère (à sa manière). Il a été dit de même que si ces cinq origines doivent être connues de chaque secte, néanmoins cependant, on compte cinq sectes d'après la raison curative de ces origines, parce qu'il existe seulement une seule secte pour la connaissance et l'intellection de ces causes. Et c'est ainsi qu'il nous a plu de définir, par ce discours, les grades et les états qui se trouvent parmi les médecins.

PROLOGUE III

ENSUITE, puisqu'il est convenu qu'il existe cinq sectes de médecins séparés par leurs méthodes (ou facultés), et que nous savons également, par cette convention, qu'aucune n'opère semblablement à l'autre, il est donc vraiment en la puissance de chaque secte d'être capable de guérir les cinq origines susdites de toutes les maladies, quoique chacune de ces sectes, par elle-même, les considère d'après une cure particulière ; ainsi les noms de ces cinq sectes doivent donc s'offrir d'abord à notre connaissance ; lesquels étant définis, nous passerons ensuite, de ce préambule, à l'étude ultérieure de la médecine.

Ceux qui appartiennent à la première faculté ou secte, s'appellent naturels, parce qu'ils traitent les maladies uniquement d'après la nature des plantes, suivant que celles-ci leur conviennent, par leurs symboles ou leurs concordances. Ainsi ils soignent le froid par le chaud, l'humide par le sec, la surabondance par l'inanition, l'inanition par l'alimentation, comme la nature même de ces affections enseigne qu'elles doivent être repoussées par leurs contraires. Et les défenseurs de cette secte furent Avicenne, Galien, Rhasis, ainsi que leurs commentateurs et autres qui les ont suivis.

Ceux qui appartiennent à la deuxième secte sont appelés communément spécifiques, parce qu'ils traitent toutes les maladies par la forme spécifique ou ENTITÉ spécifique (ens *specificum*). Par exemple, l'aimant attire à lui le fer, non par l'intermédiaire de qualités élémentaires, mais par sa force spécifique. De même, ces médecins guérissent toutes les maladies par la force spécifique des médicaments. A cette classe appartiennent ces autres expérimentateurs qui sont appelés par quelques-uns, par moquerie, empiriques, ainsi que tous ceux qui, parmi les Naturels cités plus haut, font usage de purgations. Car ceux qui purgent (cette force qui découle de la forme spécifique n'étant pas attribuée aux médecins naturels) s'éloignent de leur secte pour entrer dans une autre.

Les troisièmes se nomment caractéristes (*characterales*). Car ils guérissent toutes les maladies au moyen de certains caractères, ce que nous savons tant par leurs livres, que par le mode lui-même de guérison. Ils opèrent de telle façon que, s'ils commandent à quelqu'un de courir, celui-ci auquel on l'a commandé se met à courir; ainsi cette opération s'accomplit par la parole. La guérison par les caractères s'accomplit de la même manière. Les auteurs et maîtres de ceux-ci sont Albert le Grand, les Astrologues, les Philosophes et plusieurs autres.

Les quatrièmes s'appellent spirituels, parce qu'ils savent coaguler (*cogere*) l'esprit des herbes et des racines, de telle sorte qu'ils soignent et guérissent le malade que ces mêmes herbes et racines ont attaqué et rendu infirme. De même que lorsqu'un juge fait enchaîner quelqu'un, ce juge est le seul médecin de l'enchaîné, car les liens et les cadenas sont au pouvoir du juge qui les fait ouvrir s'il le veut; ainsi les malades ainsi liés, s'ils sont consumés et rongés, sont délivrés par les esprits des herbes comme le livre de ceux-ci l'indiquera. De cette secte furent quantité de médecins illustres, comme Hippocrate et beaucoup d'autres.

Les cinquièmes s'appellent fidèles, parce qu'ils combattent et guérissent les maladies par la foi, comme lorsque quelqu'un croit à la vérité, et à cause de ceci se trouve guéri. Le Christ lui-même, avec ses disciples, nous en a donné un exemple. Sur ces cinq sectes, nous publierons ensuite cinq livres conclusionnels (Befchluff Bücher) pour l'intelligence plus profonde desquels nous vous instruirons tout particulièrement.

PROLOGUE *IV*

Nous diviserons en deux parties les livres susdits. L'une sera la pratique du corps, l'autre des blessures [27]. Chacune sera convenablement séparée par ses Canons spéciaux et ses paragraphes. Nous accommodons ce préambule ou prologue (*prœsagium*) à chaque partie, de telle sorte qu'il se rapporte à tous les degrés. Cependant, avant de commencer les cinq livres promis, nous vous donnerons une Parenthèse, à vous autres, médecins de chaque secte de l'un et de l'autre ordre, distincte en quelque sorte de l'autre Parenthèse, et que nous voulons définir : Parenthèse médicale. La place de celle-ci est imposée entre les présents prologues et les cinq livres susdits de conclusions, de telle sorte qu'elle ne soit liée à aucun d'eux et soit appropriée à tous, mais subsiste seule en elle-même. Et cette Parenthèse vous enseignera vraiment les origines de tous les maux, desquelles ceux-ci proviennent, et que le médecin de quelque secte que ce soit doit avoir parfaitement connues et explorées. S'il l'a fait, alors, suivant son libre arbitre, il peut s'attacher à la secte qui lui plaira et se servir de ces bases, en opérant, puisqu'il connaît les origines des maladies,

---

27   Autrement dit la partie clinique et la partie chirurgicale.

au moyen de l'explication de cette parenthèse. Cette parenthèse, puisqu'elle est le signe ou exposition de toutes les causes morbifiques, précède donc à juste titre les cinq livres de conclusions, et ceci parce qu'il est indispensable que la guérison procède d'une cause, et cette cause est un homme habile et possédant la connaissance des choses nécessaires à la guérison. Par suite, cinq parties seront constituées en cette Parenthèse, appelées chacune traité. Elles seront cinq, à cause des cinq choses desquelles proviennent tous les maux. Chacun de ces traités sera subdivisé en chapitres, afin que, par ce moyen, l'on comprenne plus facilement le fondement des origines, et tous les accidents de la maladie, ainsi que les divers genres de celle-ci, et ce qui les provoque. Et toutes ces choses seront déterminées en deux chapitres selon l'intellect des deux ordres de la médecine, qui subsistent indépendants, dans chacune des sectes, et se distinguent par des règles définies. Et la fin des cinq traités sera également la fin des chapitres et des règles de la Parenthèse elle-même. Et ensuite commenceront les cinq livres des conclusions de la base de tout traitement dans les cinq sectes.

SECOND LIVRE DES PROLOGUES

PROLOGUE PREMIER

NOUS commencerons donc maintenant le Prologue de notre Parenthèse. Je dis donc en principe, à vous, tant médecins que chirurgiens, que si vous lisiez cette présente Parenthèse, par laquelle on devient vrai médecin, vous ne nous considéreriez pas comme ignorants et inhabiles dans vos livres, de ce que nous ne traînons pas un même joug avec vous. Car si nous ne frayons pas avec vous, C'est que ni votre style, ni votre pratique et connaissance des causes, comme toutes choses erronées, d'ailleurs, ne sont nullement probants pour nous, comme nous le répéterons plusieurs fois dans la suite. Nous ne sommes pas peu choqués, tant de la rareté de vos guérisons miraculeuses, que de la multitude des malades délaissés par vous. Quand même vous vous glorifiez outre mesure de tant de médecins chaldéens, grecs et arabes, vos patrons, cela ne nous émeut point du tout. Car, suivant que l'attestent les écrits publiés de ceux-ci, le sort des malades qu'ils entreprirent de guérir autrefois, fut le même que celui des vôtres, aujourd'hui, dont meurt la plus grande partie. Car, ni leurs livres ne nous affaiblissent, ni ne nous châtient, ni ne nous détruisent en rien (et vous n'avez vous-même d'eux aucune notion) ; ni vous ne devez penser nous combattre par eux puisque, au contraire, ils prouvent évidemment beaucoup en notre faveur. Et même, dans nos livres, nous omettons beaucoup de choses qu'il est ordonné de rechercher chez les anciens, de telle sorte que, bien souvent, nous indiquons du doigt d'avoir recours à ceux-ci, comme étant les écrivains originaux. Mais cependant nous n'agissons ainsi que dans les seules sectes naturelles. Car nous voulons que ce dont nous parlons ici ne soit rapporté qu'à la partie naturelle, dans laquelle vous prétendez, avec tant d'insolence, être regardés comme de grands savants. Et puisque vous rejetez arrogamment les quatre autres sectes, soyez certains que vous ne les comprenez point du tout. Et bien que vous ne trouviez rien, en vos livres, qui cadre avec ce qui est dit ici, sachez cependant qu'Hippocrate a été beaucoup plus près de la secte spirituelle que de la secte naturelle, bien qu'on n'en verra rien paraître en son étude. Et Galien également s'est plus adonné à la médecine caractéristique qu'à la médecine naturelle. On peut en dire autant de beaucoup d'autres. Et bien que les Forces (*Facultates*) et les Secrets puissent à bon droit être appelés *Magnalia Artis*, qui, cependant, sont cachés (*supprimuntur*), au lieu de ceux-ci, c'est la voie de la lenteur (*via longationis, der lang meg*), qui s'allonge à perte de vue, et qu'ils ruminent et remâchent indéfiniment.

PROLOGUE II

PAREILLEMENT nous vous expliquerons cette Parenthèse dans laquelle sont placés les fondements universels de la science du médecin, et qui servent même de base à Avicenne, Rhasis, Averroës, Hippocrate et Galien; de telle sorte que toutes les choses contenues en cette Parenthèse, tant théorique que pratique, et qui sont nécessaires à la connaissance de tous les maux et à leur guérison, doivent être comprises par vous, dans les deux ordres, tant de médecins que de chirurgiens.

Nous donnerons de ceci une brève explication. Notre Parenthèse susdite se compose de cinq traités. Chaque traité est une ENTITÉ (*Ens*). Remarquez donc qu'il y a cinq ENTITÉS qui produisent et engendrent toutes les maladies. Ces cinq ENTITÉS signifient cinq origines. Pénétrez-vous bien de ceci. Ces cinq origines sont autant de causes, dont une seule quelconque, se manifestant, serait suffisante pour engendrer tous les maux passés, présents ou futurs.

Il faudrait qu'une grande attention soit donnée par vous autres, médecins, à ces cinq ENTITÉS, et que vous ne croyiez pas que tous les maux proviennent d'une même origine ; mais soyez absolument persuadés qu'il existe cinq parties ou cinq ENTITÉS, de chacune desquelles provient chaque maladie. Donnons un exemple de ceci : Supposons une maladie, par exemple la peste. Cherchons d'où elle provient ? De la Dissolution de la Nature, répondrez-vous. Vous parlez alors comme les médecins naturels. L'astronome en placera la cause dans le mouvement ou le cours du ciel. Lequel des deux dit vrai ? Je conclus donc qu'ils affirment l'un et l'autre la vérité, car l'opération ou origine provient, d'une part, de la nature, d'une autre part, des astres, et outre ceci, des trois autres causes. Car la Nature est une ENTITÉ et l'astre est une ENTITÉ. Vous devez donc savoir qu'il existe cinq pestes, non selon leurs genres, essences, formes et espèces, mais selon les origines d'où elles proviennent, de quelque genre qu'elles soient. Nous disons donc que notre corps est soumis (*subjectum, untermorffen*) à cinq ENTITÉS, et que chacune de ces ENTITÉS contient sous elle toutes les maladies et avec celles-ci possède une puissance certaine dans notre corps. De même il y a cinq genres d'hydropisies, autant de jaunisses (*morbus regius, Selbfucht*) autant de fièvres, autant de chancres ; et il en est ainsi de tous les autres.

PROLOGUE III

MAINTENANT que les cinq ENTITÉS ont été énumérées, prêtez ensuite votre attention, vous autres médecins, à connaître ce qu'est une ENTITÉ. L'ENTITÉ est donc la cause ou la chose qui a le pouvoir de diriger (*regendi*) le corps. Or, excités contre nous par une erreur spécieuse, vous avez déclaré que la peste est engendrée par les humeurs qui existent à l'état latent à l'intérieur du corps, laquelle opinion est extrêmement fausse. Examinez donc plus profondément quelle est la chose qui contamine le corps par le poison, et non comment le corps se trouve en état d'infection. Ne vous souvenez-vous pas que tous les maux possibles, ou celui que vous voudrez spécialement, surgissent tout d'un coup d'eux-mêmes, du corps? Et n'est-il pas tout à fait courant que celui-ci soit immédiatement enflammé ou attaqué d'une manière quelconque? Cependant nulle cause ne paraît avoir provoqué la maladie. Outre ceci, nous vous rappelons qu'il y a cinq choses qui blessent le corps, et disposent celui-ci à la maladie, contre lesquelles il ne saurait lutter, mais auxquelles il est obligé de se soumettre afin qu'elles l'affaiblissent. Car elles ont un tel pouvoir sur ce corps, qu'il leur est permis de l'atteindre profondément (*afficere*) [28] en sa nature. Et chaque ENTITÉ est ainsi constituée, que tous les maux, sans en excepter aucun, lui sont soumis. Et ainsi cinq feux régissent notre corps et s'attachent à lui de telle sorte qu'il est attaqué et rongé tantôt par l'un, tantôt par l'autre. Ainsi, si un paralytique est présenté au médecin, il doit, avant toutes choses, examiner avec soin quel est le feu, quelle est l'ENTITÉ qui aura engendré cette paralysie. Et il existe cinq de ces choses dans toutes les maladies et persistant dans autant de causes ou principes. Et si le médecin ne saisit pas ces choses, ceci lui enseigne qu'il est aveuglé, puisqu'il n'obtiendra jamais la guérison d'aucune autre maladie.

PROLOGUE *IV*

PUISQUE nous avons récemment fait mention des cinq ENTITÉS, il est à propos maintenant que nous recherchions ce que sont ces ENTITÉS. Et bien que nos ancêtres et prédécesseurs eussent été très fortement admirateurs de notre médecine, s'ils s'étaient attachés

---

28   L'allemand est plus énergique : zukrencken.

uniquement au souffle vital, cependant nous ne discuterons pas sur ce point. De même leurs remèdes ne seront pas méprisés par nous ; mais nous en prendrons et extraierons plutôt le nerf et la moëlle. Donc, comme exorde de notre parenthèse, et afin de terminer ce petit livre des prologues, et que nous comprenions avec plus de certitude les ENTITÉS ipsissimes qui modèrent, régissent notre corps et le dirigent puissamment, nous les définirons ici.

Le premier traité contenu dans la Parenthèse rapporte quelle essence et quelle force les astres renferment en eux. Cette force agit de telle sorte en notre corps, qu'il est complètement soumis à leur opération et à leur impression. Cette force des astres est appelée l'ENTITÉ astrale (*Ens astrorum*), et cette ENTITÉ est comptée comme la première de toutes celles auxquelles nous sommes soumis.

La seconde force ou puissance, qui nous trouble (*alterat*) violemment (*gemaltiglich regitet*) et nous précipite dans les maladies, est l'ENTITÉ du poison (*Ens veneni*). Vous remarquerez avec soin que si l'astre lui-même est en nous d'une influence salutaire et ne porte au corps aucun dommage, l'ENTITÉ du poison peut, au contraire, nous être nuisible. Ainsi nous devons nous attendre à recevoir en nous l'impression de celui auquel nous sommes soumis, sans songer à vouloir nous soustraire à sa puissance.

La troisième force est celle qui affaiblit et use notre corps, bien que les deux ENTITÉS susdites puissent subsister en nous, à l'état fortuné et salutaire. On l'appelle ENTITÉ naturelle. Cette ENTITÉ se perçoit si notre corps est incommodé par une complexion immodérée ou affaibli par une complexion mauvaise. Et de celle-ci procèdent beaucoup de maladies variées, et même toutes, sans exception, les autres ENTITÉS se trouvant disposées en un état favorable.

La quatrième ENTITÉ s'entend des esprits puissants, qui blessent (*violant*) et débilitent notre corps qui est en leur puissance. Nos corps reçoivent alors en eux l'opération de ceux-ci lorsqu'ils pèsent sur eux (*ab iis imprimuntur*) [29].

La cinquième ENTITÉ qui agit en nous, toutes les autres se trouvant en nous à l'état favorable, c'est l'ENTITÉ de dieu (*Ens Dei*). Et cette ENTITÉ doit être très soigneusement considérée avant toutes choses, afin que tu puisses comprendre plus parfaitement quelle est la raison de toute maladie, quelle qu'elle soit. Comme nous l'avons déjà expliqué plus haut, notez soigneusement enfin, que chacune de ces ENTITÉS contient sous elle toutes les maladies. Ce qui vous fera comprendre qu'il existe

---

29   Le texte allemand dit : Nous devons attendre et recevoir d'eux la maladie en nos corps lorsqu'ils pèsent sur eux (*zufügen*).

cinq pestes ; une provenant de l'ENTITÉ de l'astre ; une autre de l'ENTITÉ du poison, une troisième de l'ENTITÉ de la nature ; une quatrième de L'ENTITÉ des esprits et la dernière de l'ENTITÉ de Dieu. Et c'est là aussi la raison de toutes les autres maladies, à laquelle vous devez prêter une très grande attention en remarquant que tous les maux absolument naissent, non pas d'une, mais de cinq causes ou principes, tandis que récemment votre opinion, sans aucun fondement et avec erreur certaine, avait adhéré à une seule et unique ENTITÉ.

PROLOGUE V

I L n'y a pas de raison pour que vous vous étonniez de ce présent prologue de notre parenthèse. Car l'étonnement provient de l'ignorance et de l'impéritie. Que s'il vous plaît cependant de vous étonner absolument, passez, je vous prie, à la lecture de cette parenthèse, qui mettra fin à votre étonnement. Car nous ne craignons pas du tout votre plume, bien qu'elle nous lance des regards obliques et de travers. Il vous a plu d'avoir toutes sortes de médicaments ou recettes (*Recepta*) comme on les appelle, très habilement composées, contre les fièvres.

Mais quelles que soient celles-ci, il est certain que par
leur usage, vos vœux n'ont pas été si bien accomplis que
leur effet ne vous remplisse vous-mêmes de crainte. Car
si vous considérez leur fondement, remarquez combien
vous êtes insouciemment ignorants de lui, car vous regar-
dez autre chose que ce que vous devez regarder.

Vous divisez les genres de fièvres en près de 70 espèces ; cependant, vous ne remarquez pas que c'est cinq
fois 70 fièvres qu'il faut compter. Car vous ne dirigez
votre esprit et votre intelligence que vers la seule ENTITÉ
naturelle ; mais quoiqu'il y en ait encore quatre autres,
vous n'y pensez même pas. S'il se trouvait que l'ENTITÉ
naturelle, que vous avez adoptée, fût la cause ou le principe de la souffrance ou de la fièvre, ce que vous dites
aurait quelque raison d'être. Mais vous ne considérez,
en l'espèce, que la maladie ; c'est pourquoi vous vous
embarrassez dans l'erreur. Redites-vous à vous-mêmes,
qui entreprenez de guérir les fébricitants, combien de
fois il arrive ou est arrivé que vous puissiez rechercher
si ceux-ci ont été guéris ou non par votre traitement ?
Car si le fébricitant a été embrasé (*inflammatus est*) par
l'Astre, c'est par celui-ci même qu'il meurt ou qu'il est
ramené à la santé (*restituitur*). Quant à vous, vous admi-
nistrez des médicaments selon votre fantaisie, tellement
que vous donnez à boire au malade toute une officine
de pharmacien ; et tout ce que vous essayez cependant

est en pure perte, comme le traité de L'ENTITÉ ASTRALE
le démontre. Prenez donc soin que les ENTITÉS ne vous
soient pas inconnues et étrangères, afin que vous puissiez comprendre ce que vous faites, et si vous n'êtes pas
plutôt nuisibles qu'utiles au malade. Cette théorie vous
a été complètement exposée dans les limites physiques.
Vous êtes attachés à cela seulement et vous n'atteignez
que L'ENTITÉ naturelle. Ce que vous ne pouvez faire que
dans une erreur absolue car vous êtes totalement inca-
pables de comprendre ce qu'est vraiment l'ENTITÉ naturelle ; et à cause de ceci, vous mêlez et vous confondez
toutes choses et ne pouvez distinguer (les remèdes) qu'il
faut choisir et où il faut les choisir.

PROLOGUE VI

PRÊTEZ-nous donc désormais toute votre attention. Maintenant que la force qui domine sur
nos corps a été distribuée en cinq dominations
(*Principatus,* Fürften), à la puissance desquelles nos
corps sont soumis et par lesquelles ils éprouvent leurs
maladies savoir l'ENTITÉ ASTRALE, L'ENTITÉ VENÉNEUSE,
L'ENTITÉ NATURELLE, L'ENTITÉ SPIRITUELLE ET L'ENTITÉ

DIVINE ; dans ce même ordre vont suivre les cinq traités de cette parenthèse ; savoir : pour quelle raison l'ENTITÉ astrale possède une puissance sur le corps de l'homme, de telle sorte qu'elle l'affaiblit ou le détruit, et ainsi de suite pour les autres ENTITÉS. Avant de commencer cette parenthèse, je veux que l'on sache que nous avons fait usage, en écrivant, du style des gentils ou des Païens, bien que nous soyons nés de l'homme chrétien. La cause pour laquelle nous agissons ainsi est la foi. Car si nous avions écrit en tant que Chrétien, alors il aurait fallu omettre les quatre ENTITÉS suivantes : *Astrale, Vénéneuse, Naturelle et Spirituelle*, et nous n'aurions pu les décrire. Car ceci n'est pas du style chrétien, mais payen. Mais la dernière ENTITÉ est vraiment de style chrétien ; c'est par elle que nous concluons. Mais ce style, des gentils dont nous faisons usage dans la description des quatre ENTITÉS n'entachera nullement notre foi ; il ne fera qu'aiguiser notre esprit. C'est pourquoi nous l'appelons style de la gentilité, parce qu'il s'éloigne de la foi du Christ ; et cependant nous en faisons profession ouvertement avec vous tous qui, Chrétiens de naissance et de race, ne manquez cependant pas de suivre et d'étudier la nature de ces quatre ENTITÉS. C'est pourquoi nous appelons ces quatre autres ENTITÉS, profanes ou provenant de la gentilité, et la suivante, divine, ce que nous répétons à chaque instant dans ce traité. Et, cependant, afin que nous comprenions parfaitement le vrai fondement de la vérité même, nous définirons et caractériserons plus amplement cette ENTITÉ dans le dernier livre des conclusions de la FOI. Nous renoncerons donc dans ce livre, au style profane, et nous persévérerons dans la foi, et nous serons les FI-DÈLES qui n'ont cure du paganisme. De même, vous, chrétiens, vous vous mettrez d'accord avec nous et vous nous jugerez enfin, d'après les livres écrits à la manière des *Fidèles*.

PARENTHÈSE SUR LES CINQ ENTITÉS

(Textus Parenthesis super Entia Quinque)

LES CINQ PREMIÈRES ÉDITIONS DU LIBER PARAMIRUM NE COMPORTENT PAS CETTE PARENTHÈSE SUR LES CINQ ENTITÉS. ELLE A PARU POUR LA PREMIÈRE FOIS EN ALLEMAND A STRASBOURG EN 1575, ET EN LATIN DANS L'ÉDITION DE PALTHÉNIUS DE 1603. ELLE N'A JAMAIS ÉTÉ TRADUITE EN AUCUNE AUTRE LANGUE.

❦❧

PREMIER LIVRE PAYEN (*PAGOYUM*) DES ENTITÉS MORBIDES DE L'ENTITÉ DES ASTRES (*DE ENTE ASTRORUM*)

Traité de l'Entité des Astres sur les corps inférieurs

Chapitre premier

Puisque nous devons décrire L'ENTITÉ astrale, la première chose qui s'impose à nous est de considérer très exactement l'essence, la forme et la propriété des astres. Ceci fait, nous rechercherons ensuite par quelle voie l'*ENTITÉ astrale* est attirée (*eliciatur*, heraub gezogen). Vous avez donné à celle-ci une base tirée de la doctrine astronomique, en prêtant fort peu d'attention au véritable enseignement et en négligeant complètement de l'étudier, ce que vous eussiez dû faire, cependant. Car vous enseignez ouvertement que c'est le ciel lui-même ou l'astre qui a formé (*constituere*, macht) le corps. Mais ceci est faux. Car l'homme, une fois constitué corporellement, n'est formé ensuite par nulle autre chose que par l'*ENTITÉ de la semence* (*Ens seminis*), à l'exclusion de toute participation des astres. A ceci vous répondez que les astres eux-mêmes modèrent les corps, les disposent, les façonnent et les pénètrent selon leur nature. Cette opinion est tout à fait mauvaise. Et la raison pour laquelle il n'en est pas ainsi vous est donnée par l'Entité de la semence. Nous vous prouverons par la suite que ce que vous enseignez là-dessus est nul, puisque ceci tombe et s'évanouit par sa solution même. Cependant nous vous donnons pour fondement de notre Parenthèse cette déclaration : Adam et Eve ont pris leur corps par création, et l'ont continué et le continueront par l'*Entité de la semence* jusqu'à la fin du monde. Et si aucune étoile ni aucune Planète n'eût existé dans la nature, néanmoins les enfants fussent nés également, et eussent reçu de même des complexions différentes par la génération des parents comme ils l'ont fait autrement. Ainsi l'un eût été mélancolique, l'autre colérique ; celui-ci fût né fidèle ; celui-là infidèle ; un autre eût été probe, un autre improbe, parce que ces natures d'hommes consistent dans l'*Entité de la propriété* et ne découlent pas des astres. Car ceux-ci ne remplissent aucune partie du corps, c'est-à-dire ne lui infusent aucune complexion, aucune couleur, aucune nature, aucune substance.

Chapitre II

Nous avertissons tout médecin d'établir deux Entités dans l'homme ; l'*Entité de la semence* (*Ens seminis*) et l'*Entité de la puissance* (*Ens virtutis*). Et bien que nous n'ajoutions ici rien de particulier, rappelez-vous cependant cette doctrine, afin que vous l'observiez et vous vous la rappeliez en son temps. Nous employons ici un axiome tel, qu'il convient parfaitement comme texte de début pour l'*Entité astrale*. Et puisqu'il nous est enjoint d'enseigner de quelle manière l'*Entité astrale* peut nous causer quelque dommage (*lœdere*), il est nécessaire de vous expliquer et de vous faire connaître que les astres, soit planètes, soit étoiles quelconques du firmament, ne forment rien de notre corps et ne provoquent rien en lui en tant que couleur, beauté, coutumes ou forces. Et vous devez éliminer de vos esprits cette opinion que vous y avez entretenue si longtemps, et les jugements tirés de la nature et de la position des étoiles que vous-mêmes, hommes, avez faits sur les hommes, ce que nous ne pouvons répéter sans rire. Comme nous ne voulons pas prolonger plus avant ce discours contre nos adversaires, d'abord parce que le but de la Parenthèse que nous commençons n'est pas pour nous de répondre à chaque instant *ex professo à* toutes questions posées, et qu'il faudrait ensuite y consacrer une quantité de papier et d'encre aussi grande qu'il serait, avec l'aide et l'assistance de Iehoua [30], en notre pouvoir de fournir, après donc que vous aurez compris que les Astres ne nous confèrent ni nature individuelle ni aucune autre propriété, adoptez donc l'opinion contraire, pour la raison qu'ils attaquent nos corps et les tuent. Non pas que nous croyions qu'étant de lignée saturnienne, nous devions avoir à cause de cela une existence plus longue ou plus brève. Car ceci est vain. Et le mouvement de Saturne n'atteint la vie d'aucun homme, ne la prolonge ni ne l'abrège. Car si Saturne n'eût jamais opéré son ascension dans le ciel ou firmament, des hommes de ce caractère fussent nés cependant. Et si jamais aucune Lune n'eût été formée, des hommes portant les signes dits Lunariens eussent cependant fait leur apparition. Soyez persuadés que si Mars est féroce et cruel, ce n'est pas pour cette raison que la descendance de Néron a existé. Et bien que pour l'un et l'autre les natures soient conformes, l'un cependant n'emprunte rien à l'autre. Par exemple : Hélène et Vénus furent certainement d'une même nature et cependant Hélène eût été adultère même si Vénus n'eût jamais existé. Et bien que Vénus soit plus ancienne

---

30   Le texte allemand dit *Gott*; nous ne savons pourquoi les traducteurs latins ont introduit ce vocable hébraïque qui n'est pas dans le style de Paracelse.

qu'Hélène, vous devez croire, qu'avant Hélène (*Vénus*) [31] il y eut bien d'autres courtisanes.

CHAPITRE III

OUTRE ce que nous venons de dire, nous pourrions rapporter plusieurs choses, encore sur le même sujet; mais puisqu'il en est fait mention dans l'ENTITÉ de la Semence et de la Force, nous abrégerons ici ce discours. Vous devez cependant être d'avis que le firmament et les astres ont été formés de telle sorte, que les hommes ni les créatures animales ne pourraient vivre (*vigere*) sans eux. Néanmoins, ils n'accomplissent rien par eux-mêmes. L'exemple suivant vous fera comprendre. La semence jetée en terre produit d'elle-même son fruit, car elle porte, cachée en elle, l'ENTITÉ de la Semence. Si toutefois, pendant ce temps, le Soleil n'avait pas réchauffé la semence, celle-ci n'eût pas germé. Vous ne devez pas penser que ce soit le Soleil ni le firmament, ni aucune autre chose qui ait engendré cette semence,

---

31   Il faut lire ici Vénus au lieu d'Hélène. Les éditions allemande et latine répètent cette même faute.

mais vous devez tenir pour vrai que la chaleur du Soleil a constitué une température telle que celle que vous provoquez dans l'opération appelée *digestion*, lorsque vous voulez cuire lentement (*digerere*) quelque chose, et la réduire en ses principes constitutifs et essentiels. Ainsi la digestion n'est autre qu'une opération excitée par la température, et c'est la chose qui digère qui porte en soi le principe de son opération. Sachez donc ce qu'est la digestion. Sans digestion, le fœtus ne peut prendre de l'accroissement. Car c'est par la digestion qu'il s'augmente dans la matrice. Ainsi donc le fœtus n'a besoin d'aucune planète, d'aucun astre pour cette opération. La matrice elle-même lui sert de Planète et d'étoile. La semence nécessite également la digestion; ceci s'accomplit dans la terre. Et cette terre ne peut être une digestion sans le soleil. La matrice est vraiment une digestion, mais sans aucun astre. Et quand même le Soleil ne luirait jamais et que Mercure lui-même rétrograderait, des enfants seraient néanmoins engendrés : ils croîtraient : et ni le Soleil [32] ni la digestion ne leur feraient défaut. Les Astres, en vérité, ne possèdent aucune puissance pour détourner l'homme selon sa nature propre, et cet homme n'a aucune raison pour recevoir cette inclination. Écoutez

---

32   Ni l'archétype salaire, veut dire ici Paracelse ; car les planètes visibles ne sont que les signatures des Planètes invisibles.

donc encore ceci : De deux soldats également féroces et irrités, lequel engendre (*ingeniat*) ou naturifie l'autre (si j'ose employer ce terme) (*naturat*) [33] ? Aucun. De deux jumeaux se ressemblant parfaitement, lequel a apporté à l'autre cette similitude ? Aucun. Pourquoi donc nous appelons-nous Jupiteriens ou Lunariens puisque, suivant l'exemple des jumeaux, nous avons en nous notre raison d'être ? Le Fœtus est un comme la semence en sa substance ; le jumeau est selon la semence qui le produit, et non la progéniture du Soleil, comme on l'a enseigné.

CHAPITRE *IV*

CECI étant démontré, sachez que nous voulons continuer cette Parenthèse à l'ENTITÉ astrale, afin que vous compreniez parfaitement par quelle raison les astres nous blessent et nous tuent. Jusqu'ici il vous a été persuadé que les astres nous dirigent, et que nous façonnons cette inclination à la nature particulière des astres. Aussi avez-vous écrit sur ce

---

33   Le texte allemand dit simplement : *naturk*. L'équivalent d'ingeniat ne s'y trouve pas.

sujet de grands livres pour démontrer par quel art on peut et on doit résister aux astres, lesquels livres sont parfaitement inutiles[34]. Il nous importe peu de savoir dans quel sens vous comprenez ce proverbe : *L'homme sapient commande aux astres.* Cependant il est admis dans le sens dans lequel nous le prenons. Les astres ne coagulent rien, ne façonnent, ne forment, ne dirigent rien en nous, ni ne donnent leur similitude à rien. Ils sont par eux-mêmes extrêmement libres, comme nous le sommes nous-mêmes. Et notez cependant que sans les astres nous ne pouvons vivre. Car le froid et la chaleur, et la digestion des choses dont nous vivons proviennent d'eux-mêmes. Mais non pas l'homme. Et ceux-ci ne font que nous prêter leur aide, et nous n'avons besoin d'eux que comme nous avons besoin de froid, de chaleur, de nourriture, de boisson et d'air. Ils ne sont rien de plus en nous ni nous en eux. Quant à savoir s'ils nous sont semblables ou si nous sommes semblables à eux, ou s'ils ne sont pas comme nous ni nous comme eux, à quoi bon agiter ces disputes et ces propositions prolixes ? C'est ainsi que le Créateur les a formés. Qui sait ce qui se cache dans le firmament ? Et nous ignorons même ce à quoi il peut être utile. Car ni la gloire du Soleil, ni l'art de Mercure,

---

34   Littéralement : ce qui est écrit en pure perte, *blaw schreiben ist, umbratile.*

ni la beauté de Vénus, ne nous rendent aucun service (*commodare*). La clarté seule et le rayon du soleil nous sont utiles puisqu'ils produisent les fruits de la terre et la belle saison dans laquelle croit tout ce qui nous fait vivre. Mais pour conclure ce discours, afin que vous possédiez le principe de cette Parenthèse, faites attention à ceci : Si le fœtus, qui est conçu et né sous des astres et des planètes tout à fait bénéfiques et extrêmement généreux par leur influence, reçoit une nature différente et pleinement contraire, à qui en est la faute ? A celui certainement de qui provient (*defluxit, fompt*) son sang, comme nous l'enseigne ce que nous savons de la génération. Nous jugeons donc semblablement que les astres eux-mêmes n'opèrent rien, mais le sang seul. Si l'heure prescrite à celui-ci pour son action s'assimile aux planètes, néanmoins, cette action ne provient que du sang. Souvent, en effet, les bonnes influences coïncident avec les bons résultats et les mauvaises avec les mauvais. Mais de ces deux influences (astrale et générative) une seule et non l'autre possède la puissance nécessaire pour être une cause déterminante ; et c'est l'*ENTITÉ de la Semence*.

Chapitre V

AVANT de retourner à notre propos, nous vous opposerons certaines choses touchant l'aptitude et l'habileté du corps. Après que vous avez bien examiné toutes choses, et que vous avez décidé que, pour l'homme, la fortune et l'industrie proviennent des astres, de telle sorte que l'un s'accroît plus rapidement que l'autre, l'un par les arts et l'érudition, l'autre, par les richesses, celui-là par la force ou toute autre chose semblable, vous attribuez invariablement toutes ces choses aux astres, desquels vous les recevez. Or, nous renversons tout ceci et nous interprétons ce sujet de la manière suivante. La fortune elle-même provient de l'industrie ; l'industrie, de l'esprit. Suivant le génie ou l'esprit que possède chaque homme, il est habile à telle ou telle chose. Et suivant qu'il est habile à telle ou telle chose, il devient riche (*fortunatus*). Sachez donc, afin que vous connaissiez ce génie, qu'il est lui-même à l'instar de l'Archée, comme on le verra au traité de l'Archée, ce dont nous ne parlerons pas plus longtemps, afin de ne pas nous écarter de notre propos. Vous apportez plusieurs raisons touchant la dissimilitude des formes dans les hommes, étant donné que, depuis l'Adam premier, pendant tant de siècles, parmi tant de myriades d'hommes, jamais aucun visage n'a été absolument semblable à un autre, sauf chez les jumeaux dont la ressemblance est admirable et miraculeuse. Vous rapportez l'origine de cette différence reçue par chacun, aux astres et à leur mouvement admirable. Cette chose nous apparaît enveloppée d'un voile. Sachez, au contraire (ce que nous comprenons cependant plus précisément du terme de la vie), que l'Entité elle-même de la semence a été créée par Dieu, de telle sorte qu'il soit nécessaire que toutes les formes, couleurs et espèces des hommes dont on ne peut évaluer le nombre, soient entièrement épuisées. Celles-ci, une fois produites et achevées, alors les hommes reviendront à leur point de départ, montrant alors le même visage qu'ils eurent autrefois avant leur mort. Le jour du jugement dernier approchant, toutes les couleurs et toutes les variétés des hommes seront achevées. Car il a été précisé avec la plus grande exactitude que les couleurs, les formes, les apparences et les coutumes auront toutes déjà précédé, et qu'aucun autre homme ne pourra naître, qui ne soit semblable à quelqu'un des premiers. Alors la dernière heure de la première révolution (*Circuitus,* Lauff) du monde sera achevée. Mais n'allez pas vous jeter dans cette spéculation, de telle sorte que vous établissiez qu'il y aura plusieurs époques du monde, et que vous divisiez ce monde en parties. Car si toutes les couleurs et variétés humaines se sont manifestées, de nouvelles formes ne pourront être produites. Mais des similitudes auront lieu ; alors la période de vérité (*vera œtas,* recht Alter) sera terminée.

CHAPITRE VI

MAIS quel est le but de ces réflexions ? C'est de vous faire comprendre plus clairement et plus lumineusement tout ce que nous enseignerons et proposerons. C'est par suite de ceci que l'ENTITÉ astrale doit être admise par vous. Car il est une certaine chose que l'on ne voit pas, et qui entretient et conserve en vie, non seulement nous-mêmes, mais toutes les choses universellement, qui vivent et sont douées de sentiment. Et cette chose provient (*profluit*) des astres. Nous l'expliquons ainsi. Le feu qui brûle a besoin d'un combustible, tel que le bois. Sans celui-ci, il n'est pas le feu. Or, considérez que le feu est la vie. Et cependant il ne vit pas sans bois pour l'alimenter. Et remarquez bien ceci. Et quoique ce soit un exemple grossier et vulgaire, il est cependant suffisant pour vous. Le corps est donc analogue au bois. La vie est son feu. Car, en effet, la vie vit du corps. Par contre, il est nécessaire que le corps possède quelque chose qui l'empêche d'être consumé par la vie, mais qui le conserve (*perduret*[35]) en sa substance. C'est ceci même que nous vous exposons sous le nom d'ENTITÉ. Et ceci émane des astres ou du firmament. Vous enseignez, ce qui est vrai, que si l'air n'existait pas, il adviendrait que toutes choses tomberaient à terre, et celles qui auraient la vie en elles, seraient suffoquées et périraient. Mais, par contre, sachez qu'il y a encore une certaine chose qui soutient le corps, et que ce même corps conserve en vie. L'insuffisance ou la mort de cette chose n'est pas plus supportable que la perte de l'air. Car c'est en elle, et par elle, que l'air est conservé, réchauffé (*fovetur, enthalten*) et si elle n'existait pas, l'air serait dissous. Par elle, le firmament vit. Si elle n'était pas dans le firmament, celui-ci périrait. Nous l'appelons M.[36]. Car rien n'a été constitué dans l'univers au-dessus de cette chose. Rien ne lui est préférable, et rien n'est plus digne de la contemplation du médecin. Remarquez donc attentivement ceci, que nous vous indiquons M. non

---

35   *Wesen*, qui le fasse vivre.

36   Il ne faut point chercher ici le mot qu'a voulu exprimer Paracelse. On pourrait croire qu'il a voulu désigner le Mercure Philosophique : mais il a employé simplement l'hiérogly-Maternel, la clef ב de la Kabbale, initiale du mot Maria, premier être créé, dont j'ai signalé, dans un précédent ouvrage, les analogies avec l'Eau Primordiale, Menstrue du Monde.

comme ce qui naît du firmament, ni ce qui en émane, ni ce qui nous est transmis de lui. Ce n'est rien de tout ceci. Mais tenez pour certain que ce M. conserve toutes les créatures tant du ciel que de la terre, et que, de plus, tous les Éléments vivent en lui et de lui. Que ceci soit reçu de vous comme l'opinion véritable; et souvenez-vous qu'il en est de même de tout ce qui est enseigné touchant le premier être créé, et de ce qui sera dit au sujet de M. dans le présent discours.

CHAPITRE VII

APRÈS avoir reçu de nous l'indication de M., considérez plus attentivement cet exemple. Lorsqu'un fourneau (*hypocaustum*) est obstrué et fermé, il s'en dégage une telle odeur que tu en es incommodé. Cette odeur ne naît pas du fourneau mais de toi-même. Considère donc attentivement ceci. Tous ceux qui s'approchent de ce lieu sentent la même odeur que celle que tu produis [37]. Et il peut se faire semblablement que, dans

---

37   Ce passage, un peu obscur, de Paracelse, est cependant facilement explicable. C'est un gaz et non une odeur qui s'échappe du fourneau. Ce gaz ne *prend une odeur* qu'au contact d'un organisme

cette chambre, tu provoques en ceux qui l'habitent, toutes les maladies, aussi bien que toutes leurs guérisons. Note ceci : l'air qui est à l'intérieur ne provient pas de toi. Mais l'odeur émane de toi. Mais comprends davantage ; c'est de l'air que nous voulons parler, lorsque nous vous enseignons l'ENTITÉ *astrale*. Vous expliquez que l'air est né du mouvement du firmament, ce que nous nions totalement. Il n'en est pas de même du vent, comme la météorologie le démontre. L'air provient (*defluit*, fompt) du souverain bien, et il a existé avant toutes les autres créatures. C'est après lui que les autres choses ont été créées. Le firmament lui-même vit de l'air comme toutes les créatures. Donc l'air n'est pas produit par le firmament. Car le firmament est conservé par l'air, de même que l'homme. Et si tous les firmaments s'arrêtaient, l'air, cependant, n'en existerait pas moins. Et si le monde venait à périr dans l'immobilité et le repos, la cause de ceci serait que le firmament manquerait d'air et périrait ainsi. Et alors ce serait un signe qu'il en serait de même de l'homme. Tous les éléments seraient dissous. Car c'est dans l'air que l'universalité des choses se soutient. Ceci

---

nasal disposé pour recevoir celle-ci. En l'absence de cet organisme, il n'existe pas d'odeur. C'est donc l'homme qui la produit réellement en présence d'un corps doué de telle constitution moléculaire. C'est l'explication que Gœthe devait donner trois cents ans plus tard, du phénomène de la vision oculaire.

est le grand M. Nous t'annonçons que ce M. est une chose telle que toutes les choses créées vivent d'elle, et tirent leur vie d'elle et en elle. Ce M. ne peut être altéré et empoisonné, de telle sorte que l'homme puise ce poison en lui. Car puisque sa vie est et réside en lui, nécessairement son corps sera altérable et contaminable par ceci même qui est en M. m. comme l'air est changé dans le poêle ainsi que nous le disions plus haut. Ainsi donc, il y a quelque chose que ce M. corrompt (*inquinat,* derunreiniget) et qui demeure ensuite dans le corps, et est séparé de celui-ci.

CHAPITRE VIII

I L faut donc comprendre ainsi l'*ENTITÉ des astres.* Les astres eux-mêmes possèdent leurs natures et propriétés variées, de même que les hommes sur terre. Ces mêmes astres ont leur mutation en eux, c'est-à-dire la possibilité de devenir meilleurs, pires, plus doux, plus acides, plus amers. S'ils persistent dans leur état excellent, rien de mauvais n'émane d'eux. Mais dans la dépravation, leur malignité se manifeste.

Souvenons-nous vraiment que celle-ci entoure (*ambire*, umbgeben) l'orbe universel comme la coquille circonscrit l'œuf. L'air entre par la coquille, y pénètre d'abord, puis s'enfonce au centre du monde. Vous conclurez donc de nouveau que certains astres sont vénéneux, et qu'ils empoisonnent l'air de leur contagion. De telle sorte que, jusqu'où ce poison s'étend, ces mêmes maux paraissent, à cause de la condition maléfique de l'astre. Mais il n'est pas en la puissance de celui-ci de pouvoir contaminer la totalité de l'air du monde entier. Il n'en peut empoisonner qu'une partie seulement, selon l'importance de sa force. Il en est de même de l'influence favorable des astres. Ceci est donc l'*ENTITÉ* astrale (*Ens astrale*), c'est-à-dire l'odeur, le souffle ou vapeur, et la sueur des étoiles, mêlés avec l'air, comme nous le montre le cours des astres. Car de là proviennent le froid, la chaleur, la siccité, l'humidité et autres semblables, qui sont indiqués par leurs propriétés. Concluez donc de ceci que les astres eux-mêmes ne peuvent exercer aucune influence (*nihil inclinare*) ; mais, par leur exhalaison (*halitus*), corrompre seulement et contaminer M. par lequel ensuite nous sommes empoisonnés et affligés. Et l'ENTITÉ astrale se comporte de telle sorte, qu'elle dispose nos corps tant au bien qu'au mal par ce moyen. Si quelque homme est doué d'un tempérament tel, selon le sang naturel, qu'il soit opposé (*adversatur*) à cette exhalaison,

alors il en devient malade. Celui qui n'a pas une nature contraire à celle-ci, n'en est nullement incommodé.
Mais cette influence nuisible n'est ressentie, ni de celui
qui a reçu contre cette exhalaison un tempérament fort
et généreux, de telle sorte qu'il suffit, par la noblesse de
son sang, à vaincre le poison, ni par celui qui a pris une
médecine capable de résister aux vapeurs vénéneuses des
êtres supérieurs. Concluez donc de là que toutes les choses créées sont contraires à l'homme, et l'homme, de son
côté, à celles-ci.

CHAPITRE IX

APRÈS l'indication donnée de M., apprenez donc
maintenant par un exemple, comment les ex-
halaisons (*halitus,* dünft) des planètes nuisent à
notre corps. Un lac qui a son M. bénéfique (*probum*), est
très poissonneux. Par suite d'un froid persistant outre
mesure, il se prend en glace ; les poissons meurent alors,
parce que M., à cause de la nature de l'eau est trop re-
froidi. Ce froid ne provient pas de M. lui-même, mais de
l'astre, qui, puisqu'il est de cette nature, l'accomplit ainsi. De même, la chaleur du soleil opère semblablement,

de telle sorte que les eaux s'échauffent trop, et les poissons sont tués en elles, pour la même raison. Donc, de même que ces deux faits sont deux propriétés de certains astres, de même il en est beaucoup d'autres par lesquelles M. rend amer, aigrit, adoucit, arsénifie ou imprègne d'une infinité d'autres qualités de goût. Cette altération importante produit l'altération des corps. D'après tout ceci, jugez comment l'astre corrompt M. de telle sorte que nous sommes saisis en même temps par les maladies et par la mort, si elles sont de la nature de ces vapeurs. C'est donc pourquoi aucun médecin ne s'étonnera de ce qu'il y a beaucoup plus de poisons cachés dans les astres que dans la terre.

Qu'il soit donc tenu pour certain, par chaque médecin, qu'aucune maladie ne se manifestera nulle part, sans la présence évidente d'un poison. Car le poison est le principe de toute maladie ; et c'est du poison que surgissent toutes les maladies, tant externes qu'internes, sans en excepter aucune. De sorte que si vous avez bien établi ceci, vous trouverez qu'au seul Arsenic, outre cinquante maladies, cinquante autres doivent lui être attribuées, dont aucune, cependant, n'est semblable à l'autre, bien que toutes soient sorties du seul arsenic de l'univers. De même plusieurs viennent du Sel ; plusieurs autres du Mercure ; d'autres enfin, beaucoup plus nombreuses, sont engendrées du Réalgar[38] et du Soufre. Et c'est pourquoi nous vous indiquons ces choses, afin que vous sachiez que, sans la connaissance de l'origine, c'est en vain que vous chercherez à être habile en telle ou telle maladie, puisqu'il n'y a qu'une seule chose qui puisse être la cause de tant de maux. Si vous parvenez à scruter celle-ci, vous apprendrez alors, avec la plus grande facilité, les autres causes. Gardez donc avec soin cette règle invariable, afin que vous vous étudiiez avant tout à connaître cette chose de laquelle la maladie est engendrée, plutôt que de chercher quelles sont les causes qui l'engendrent ou la produisent, au sujet de quoi la pratique nous enseignera plusieurs choses.

---

38   *Realgar*. Suivant Roch le Baillif, dans son *Dictionnaire Paracelsique*, « ce terme signifie dans son sens absolu la fumée des minéraux, et on l'emploie quelquefois pour la nature corrompue (*vitiosa*), du corps humain, de laquelle naissent les ulcères, selon le nombre des Éléments, car nous disons Réalgar de la terre, de l'air, de l'eau, du feu, dont il existe autant de sortes dans l'homme. Car il y a autant d'espèces de Réalgar dans le corps que dans les Éléments. » Gérard Dorn (*Dictionarium Paracelsi*), définit les quatre sortes de réalgar : le réalgar de l'eau est l'écume (*spuma*) surnageant sur l'eau ; le réalgar de la terre est l'arsenic ; celui de l'air, le *tereniabin*, ou manne ; celui du feu, la conjonction saturnienne. Michel Toxites (*Onomasticon Paracelsi*), ajoute : *Realgar est fumas mineralium, quidquid arsenicale est, aut operimenti naturam habet.* La science moderne a conservé le nom de réalgar au sulfure rouge d'arsenic ou, arsenic sulfuré, As S.

CHAPITRE X

AFIN que vous puisiez une connaissance plus profonde de ces choses, il importe de savoir que nous n'accusons pas l'été et l'hiver seuls qui, comme nous l'avons montré par des exemples précédents, sont pernicieux (*damnosæ*) pour nos corps ; mais nous en rendons coupable chaque planète ou étoile, qui s'élève tant de fois, jusqu'à son exaltation, qu'elle pénètre M. et le tempère selon sa nature. Ainsi M., par quelques-uns, sale outre mesure ; par d'autres, arsenifie davantage, sulfurise ou mercurise. Car leurs exaltations sont, pour nos corps, ou un poison ou la santé, à moins qu'il n'advienne que cette vapeur ne pénètre pas jusqu'à nous à cause de la distance.

Voici une expérience à l'appui de ceci : si l'exaltation des étoiles arsenicales atteint la face et le centre de la terre, et principalement l'eau, alors, par sa puissance arsenicale, elle contamine toute cette eau. L'eau étant infectée de ce mal, les poissons pressentent ce mal et émigrent de cet endroit dans un autre. Ainsi donc, ils se sauvent en nageant, de la profondeur des eaux à la surface, cherchant l'eau douce et la partie non contaminée. C'est ainsi qu'on les voit s'amasser en nombre considérable et prodigieux le long des rivages. Donc si dans un endroit quelconque, apparaît une quantité de poissons comme on n'en avait point vu les années précédentes, il est à croire qu'on peut présumer que ce lieu est voisin d'un carnage considérable. Car l'arsenic qui, au dehors, agit des parties profondes et au bout d'un temps fort long, sur les poissons très éloignés et invisibles, empoisonne également les hommes, de telle sorte qu'après les poissons ce sont eux qui deviennent malades et débiles ; et c'est parce que les hommes présentent une constitution plus robuste que celle des poissons, qu'ils sont contaminés plus tardivement. Il en est de même pour tous les autres genres de poisons émis par les astres et qui, altérant M. (comme le prouvent les puissances des étoiles), non seulement affaiblissent les hommes ainsi que les poissons mais même empoisonnent les fruits des champs et tous les êtres vivants de la terre.

CHAPITRE XI

ON peut dire que, par similitude et sous un certain rapport, nos corps représentent le lac, et nos membres, les poissons. Donc, si la vie qui habite les corps et tous les membres, est corrompue ainsi dans le corps par le poison, au moyen des astres, alors les membres inférieurs en sont affaiblis, parce qu'ils en reçoivent le poison. Et ainsi toutes les autres ENTITÉS astrales sont d'une condition particulière de poison, de telle sorte que les unes irritent seulement le sang, comme les *realgarica*, les autres attaquent seulement la tête, comme les *mercurielles*; quelques-uns menacent les os et les veines, celles-ci sont de nature saline; la nature de certaines autres est d'engendrer l'hydropisie et la tuméfaction; telles sont les *auripigmentées*; d'autres donnent les fièvres, comme les *amères*.

Afin que vous vous assimiliez plus parfaitement ceci, nous vous prodiguons la division des choses et l'ENTITÉ elle-même. Ici vous noterez que certaines de ces choses pénètrent intérieurement le corps, comme sont celles qui frappent la liqueur même de vie. Et celles-ci engendrent les maux du corps. D'autres, qui produisent les blessures, comme sont celles qui mettent en mouvement la puissance expulsatrice. Et c'est dans ces deux choses que consiste l'universelle Théorie.

PARTICULE PREMIÈRE

D E même que nous vous avons expliqué que l'EN-
TITÉ astrale nous affecte, tant à l'intérieur qu'à l'extérieur du corps, savoir selon les maladies qui ne sortent
pas du corps, et celles qui vont à la périphérie, ainsi,
pareillement, il est exigé, pour votre enseignement, que
nous énumérions comment, dans chaque étoile, le poison est placé ; or, ceci est plus du domaine de l'astronomie que de la médecine.

Quoi qu'il en soit, les poisons qui engendrent l'hydropisie sont quintuples. Et ceux-ci sont réunis en un
seul genre. Mais ils diffèrent par cinq natures. Ainsi un
venin provient des astres ; les autres des quatre autres
ENTITÉS, qui, cependant, engendrent une seule hydropisie ; de même pour les cinq soufres, et autres semblables.

PARTICULE SECONDE

D E quelle manière exacte il pourra être connu de
vous de quelle ENTITÉ provient une hydropisie et
par quels remèdes elle demande à être guérie, vous lirez
ceci rapporté au livre des médications des maladies.

Toutes ces choses ayant été dite, nous voulons terminer ici l'ENTITÉ elle-même en ajoutant ceci : que c'est en vain que vous penserez guérir les malade astrales, tant que l'étoile, morbifique dominera. Car sa puissance est supérieure au médecin. D'où vous devez conclure qu'il faut également que vous considériez attentivement, en médecins consciencieux, le temps de ce que vous allez opérer, afin que vous n'alliez pas entreprendre, avec grand effort, la guérison d'aucune maladie avant le temps qui lui convient, puisque votre effort, ainsi, demeurerait vain.

DEUXIÈME LIVRE PAYEN (*PAGOYUM*) OU PARENTHÈSE SECONDE DE L'ENTITÉ DU POISON (*DE ENTE VENENI*)

Traité de l'Entité du Poison

Chapitre premier

PUISQUE notre dissertation sur l'ENTITÉ astrale est maintenant terminée, l'ordre logique veut que nous traitions de l'ENTITÉ *du Poison* (*Ens veneni*), qui est une autre cause d'altération de nos corps. Et nous rappellerons encore la base première sur laquelle nous nous sommes appuyés en parlant de l'ENTITÉ astrale, savoir que nos corps sont maltraités (*violari,* genöttiget mird) par cinq ENTITÉS, et sont livrés (*induci,* gezmungen) à celles-ci afin qu'elles les fassent souffrir (*ut patiantur,* Bu lei=den). Cependant, afin de tracer un chemin plus facile et plus court, nous ne répéterons pas cette préface ; mais nous constituerons ainsi la base et la vérité de l'ENTITÉ *du Poison.*

Il est connu de tous que nos corps ont besoin de conservation, c'est-à-dire d'un certain véhicule grâce auquel elles vivent et se nourrissent; la vie elle-même est bannie de tout endroit où il fait défaut. Il faut noter également que celui même qui a formé ou créé nos corps, a procréé aussi semblablement les nourritures avec la même facilité, mais non avec la même perfection. Tenez donc ceci pour certain. Notre corps nous a été donné exempt de poison. Et ce que nous donnons au corps en guise d'aliment contient du poison qui lui est joint. Ainsi le corps a été créé parfait; il n'en est pas autrement. De ceci, considérez que les autres animaux et les fruits nous sont une nourriture, donc un poison également. Par eux-mêmes, ils ne sont ni nourriture ni poison au regard d'eux-mêmes; et en tant que créatures, ils participent à la même perfection que nous. Mais dès que nous les prenons pour nourriture ils deviennent un poison pour nous. C'est pour cette raison que telle chose qui, de soi-même, n'est pas un poison du tout, devient un poison pour nous.

CHAPITRE II

MAIS il convient d'examiner ceci plus longue-
ment. Toute chose quelle qu'elle soit, est
parfaite en son ipséité, et a été bien faite, en
elle-même, pour sa raison d'existence. Mais si nous en-
visageons d'autres usages, alors elle a été formée bonne
et mauvaise. Ainsi vous jugerez : Le bœuf, qui se nourrit d'herbe, reçoit de celle-ci, à la fois, poison et santé.
Car l'herbe possède en soi et l'aliment et le médicament.
Cependant l'herbe n'est pas poison à l'herbe elle-même[39]. De même pour l'homme : Tout ce qu'il mange et
boit est, pour lui, à la fois vénéneux et salubre, quoique cependant ce qu'il mange ne soit pas vénéneux par
soi-même. Et comprenez qu'il est deux modes dans ce
que nous proposons. L'un est de l'homme lui-même (la
nature des animaux et des plantes étant mise à part).
L'autre de l'absorption (*Assumtio*, Innemmen). Mais afin
que nous rendions ceci encore plus clair et plus compréhensible à l'esprit, nous dirons que l'un est, en l'homme,

---

39   Paracelse veut dire que le suc vénéneux qui coule en certaines
plantes, et qui est un poison pour l'espèce animale et hominale, n'est
pas un poison pour la plante elle-même. Loin de tuer celle-ci, il cir-
cule dans ses tissus, dans ses vaisseaux, et entretient la vie tandis qu'il
porte la mort dans des organes qui ne sont pas faits pour le recevoir.

la grande nature (*magna natura,* die grob Natur). L'autre est le poison qui est inséré dans la nature. Et afin que nous terminions cette parenthèse pour vous complaire, résumez-vous ceci : Dieu a formé toutes choses parfaites envers elles-mêmes, mais imparfaites pour les autres, et ceci à cause de l'usage qu'elles en font. Et c'est sur quoi est établi le fondement de notre seconde ENTITÉ, qui est celle du poison. Mais nous voulons qu'il soit plus parfaitement compris que Dieu n'a établi personne Alchimiste par soi-même, pour l'homme ou les créatures ; mais si nous nous rapportons à notre usage imparfait, ce qui est nécessaire, nous voyons qu'il a formé l'Alchimiste à telle fin que, lorsque nous trouvons du poison ayant l'aspect et la forme de ce qui est salutaire, nous ne le mangions pas, et que nous sachions le séparer et le discerner de cette nourriture salutaire.

Or, considérez très attentivement ce que nous vous rapportons de cet Alchimiste.

CHAPITRE III

PUISQUE toute chose, parfaite en soi, est, en raison des autres, soit vénéneuse, soit salutaire, poursuivant notre discours, nous établissons ainsi que Dieu, à celui qui se nourrit ou se sert d'une chose étrangère qui lui a été donnée pour lui être salutaire ou pernicieuse, a constitué un Alchimiste d'une telle habileté, qu'il peut parfaitement discerner ces deux choses l'une de l'autre, savoir : le poison dans son étui (*vidulum*, in fein Sacf) et la nourriture pour le corps[40]. C'est ainsi, comme nous vous en avons avertis plus haut, que nous voulons que vous acceptiez et que vous compreniez notre base. Mais voici un exemple d'un autre genre. Celui qui est seigneur ou prince, celui-ci comme il convient à un prince, est, en lui-même, parfait. Mais il ne peut être prince, sans avoir des serviteurs qui le servent, lui, prince. Or, ces serviteurs sont également parfaits en soi, en tant que serviteurs ; mais non pour le prince, car ils sont pour celui-ci à la fois un poison et un préjudice et, en même temps, une nécessité. Mais puisque vous entendez ceci de l'Alchimiste de la nature, soyez certains que Dieu a donné à lui, prince, la science en lui-même, telle

---

40   Le latin ajoute ingerendo.

qu'il convient à un prince. Celui-ci apprend à séparer le poison de ses serviteurs, et aussi à prendre de ceux-ci le bien qu'ils lui donnent. Si cet exemple ne vous paraît pas cadrer absolument avec notre sujet, vous trouverez la base de la présente question, placée dans l'enseignement suivant la doctrine du Sapient, où ceci est expliqué. Voici en quoi elle consiste. Il est nécessaire à l'homme de manger, et de boire. Car le corps de l'homme qui est l'auberge où il abrite sa vie (*hospitium ejus vitæ,* der fein leben beherbergt) a besoin absolument de boisson et de nourriture. Ainsi donc l'homme est contraint d'absorber en lui le poison, les maladies et sa mort même par la nourriture et par la boisson. Ainsi donc on pourrait diriger contre lui (le Créateur) cet argument, qu'il ne nous a donné notre corps et n'y a joint la nourriture que pour nous ôter la vie (nous juguler). Mais sachez que le Créateur ne retranche rien à la créature, mais il laisse à chacun sa perfection propre. Et bien que certaines choses soient pour d'autres un poison, on ne peut nullement cependant en accuser répréhensivement le Créateur.

CHAPITRE *IV*

VOICI comment vous suivrez l'œuvre du Créateur : Si toutes choses sont parfaites en elles-mêmes et composées par l'ordre du Créateur, de telle sorte que l'une réalise la conservation de l'autre, comme, par exemple, l'herbe nourrit la vache et la vache nourrit l'homme, de telle sorte que la perfection d'une chose soit, à une autre chose qui la consomme, tant un bien qu'un mal, et soit, à cause de ceci, imparfaite, il doit être établi que le Créateur a formé celles-ci en vue d'une création plus abondante et plus riche (*uberior*) que la création elle-même ; et c'est pour cette raison qu'il a voulu que les choses soient créées de telle sorte que, dans ce qui est nécessaire à une autre chose, se cache (*lateat*) une vertu, un art et une efficacité telle que, par cette vertu, le poison soit séparé du bien, en vue du salut du corps et de la nécessité de l'aliment, et que cet ordre soit mutuellement gardé. Exemple : Le paon dévore les serpents, les lézards et les stellions. Ces animaux sont vraiment, selon eux, parfaits et salubres, mais au point de vue des autres animaux, tous ceux que nous venons de citer sont un pur poison, sauf pour le paon. Sachez donc la raison de cette diversité : c'est que l'Alchimiste de celui-ci est si subtil que l'Alchimiste d'aucun autre animal n'approche de lui, qui sépare d'une façon aussi exquise et aussi pure le vénéneux du salutaire, de telle sorte que cette nourriture est sans danger pour le paon. Et il est parfaitement vrai, d'ailleurs, qu'à chaque animal a été assignée sa nourriture particulière, propre à sa conservation, et outre ceci il lui a été donné aussi un Alchimiste spécial qui la lui sépare. A l'autruche il a été donné un Alchimiste tel qu'il sépare le fer, c'est-à-dire l'excrément, de la nourriture, ce qui n'a été montré possible pour aucun autre. A la salamandre, il a été donné pour nourriture le feu, ou le corps du feu. Pour ceci il lui a été joint un Alchimiste. Pour le porc l'excrément est une nourriture bien que ce soit un poison ; ce pourquoi il a été exclu du corps de l'homme par l'Alchimiste de la nature ; et néanmoins c'est pour cet animal, un aliment, parce que son Alchimiste est beaucoup plus subtil que l'Alchimiste de l'homme. Car l'Alchimiste du porc lui sépare, de l'excrément, cet aliment que l'Alchimiste de l'homme n'a pu séparer. C'est pour cette raison encore que l'excrément du porc n'est mangé par aucun autre animal. Car il n'est pas d'Alchimiste plus subtil que le sien, et qui sépare les aliments d'une façon plus exquise. Ceci doit s'entendre pareillement de beaucoup d'autres que nous omettons à dessein, afin d'abréger notre discours.

CHAPITRE V

SUIVANT ce que nous avons déjà rapporté de l'Alchimiste, ainsi vous devez croire que celui-ci a été formé par Dieu seul, afin qu'il sépare du bien ce qui se trouve différent de celui-ci, savoir, dans le corps, ce que celui-ci a absorbé, par l'ordre divin, pour la sustentation de sa vie. Mais ayez maintenant recours à ce que nous avons dit tout d'abord, savoir : qu'il y a cinq choses qui ont pouvoir dans l'homme, et auxquelles il est soumis : comme l'*ENTITÉ astrale*, de laquelle nous avons traité, et ensuite l'*ENTITÉ du Poison*. Et bien que l'homme ne soit nullement influencé par les astres, il n'est pas également protégé et défendu contre l'*ENTITÉ du poison* ; et puisqu'il est contaminé par elle, il doit donc, au contraire, la redouter. Mais nous laisserons tout ceci puisque nous en avons suffisamment parlé auparavant. Mais afin que vous saisissiez tout ceci plus facilement, observez d'abord le commencement, afin que vous compreniez plus parfaitement pour quelle raison le poison vous nuit ou peut vous nuire. Puis donc que nous avons en nous un Alchimiste, placé dans notre corps par Dieu, le Créateur, à telle fin de séparer le poison de la nourriture salutaire, afin que nous n'en éprouvions aucun dommage, il convient de parler ensuite de lui, c'est-à-dire quelle est sa raison d'être, quel est son mode d'existence, et de rechercher pourquoi toutes les maladies humaines proviennent également de l'ENTITÉ du poison et des autres ENTITÉS. Dans cette disquisition, tout ce qui ne porte aucun dommage au corps mais, au contraire, lui procure quelque chose de commode, sera omis par nous, comme nous vous le déclarerons dans la suite.

CHAPITRE VI

MAIS tout d'abord il importe que vous sachiez que les Astronomes, à ce sujet, divaguent, lorsque, indiquant les maladies de notre corps, ils supposent le corps heureux (*fortunatum*, glücf=feligen) et le corps salubre. Or, ceci n'est pas, pour la seule raison que les autres ENTITÉS, qui sont encore au nombre de quatre, blessent le corps, ce que ne font pas les astres eux-mêmes. C'est pourquoi nous rions, à bon droit, des livres de ces auteurs et nous rejetons, complètement ceux-ci, dans lesquels ils promettent si libéralement la santé, sans cependant prêter nullement attention à ceci, que les quatre autres ENTITÉS existent, égales à l'astre en puissance. Mais divertissons-nous un peu de ceux-ci. Car, qu'est-ce qu'un chat sans souris et un prince sans bouffon? Or, le Physiomantique tisse une histoire semblable, qui, cependant, ne nous excitera pas aux larmes. Celui-ci promet la santé sans nullement penser aux quatre ENTITÉS, qu'il ignore complètement. Car il augure par la seule ENTITÉ naturelle, et se tait sur toutes les autres, ce qui n'est pas sans nous amuser considérablement. Il appartient à un homme, instruit de beaucoup de choses, de prédire les choses qui dépendent du cours des événements (*ex cursu*). Or, il est cinq sortes de mouvements ou de cours, et une espèce d'homme seulement. Celui qui omet un mouvement et poursuit son chemin dans les autres, celui-ci est un faux Prophète. Diviser et parler selon cette division [41], chacun suivant ce qu'il a appris, voilà qui est, suivant l'opinion de ceux-ci, parfaitement louable. Car l'Entiste [42] pyromantique établit son jugement sur l'esprit. De même, l'Entiste physionomique vaticine d'après la nature de l'homme; l'Entiste théologique d'après l'impulsion donnée par la Divinité (*ex cursu Dei*, auff den Lauff Bottes); l'Entiste astronome d'après les astres. Mais chacun de ceux-ci, considéré en lui-même, est menteur. Mais ils sont vrais

---

41   C'est-à-dire se spécialiser.

42   *Entista*, l'Entiste, l'opérateur qui s'attache à une Entité quelconque et qui établit sa théorie et sa pratique d'après elle seule.

et justes s'ils sont réunis en un seul. Nous vous avons avertis de tout ceci afin que vous ne vous hasardiez pas à vaticiner sans connaître d'abord l'ENTITÉ des cinq ENTITÉS, ce qui nous ferait éclater de rire.

CHAPITRE VII

AFIN que vous ayez la connaissance fondamentale de l'Alchimiste, sachez maintenant, que Dieu a dispensé à chaque créature sa substance et toutes les choses nécessaires pour l'entretien de celle-ci (*et quæ ad hanc requiruntur*), non pour les diriger à sa guise, mais pour user de celles dont elle a nécessairement besoin, et qui, elles-mêmes, sont jointes au poison. Cette créature possède, au plus profond de son corps, quelque chose qui sépare le poison de ce qui lui est apporté. Ceci est l'Alchimiste, ainsi appelé parce que, pour accomplir son action, il se sert de l'art chimique. Il sépare le mauvais du bon ; il transmue le bon en teinture ; il teint le corps pour entretenir en lui la vie [43], il ordonne et dispose ce qui est soumis à la nature ; il la teint afin qu'elle se trans-

---

43   Er tingirt den leib zu seim leben.

forme en sang et en chair. Cet Alchimiste habite dans le ventricule [44] ; c'est là qu'il opère comme en son lieu propre (*in instrumenti suo*), c'est là qu'il digère ou accomplit ses coctions (*ubi coquit*). Comprenez ceci de cette façon. L'homme mange de la chair qui, en elle, contient une partie vénéneuse et une partie salutaire. L'une et l'autre, au moment où l'on mange, paraissent bonnes et pures. Cependant, sous le bien se cache le poison ; mais sous le mal, il ne se trouve rien de bon. Avant donc que la nourriture, comme par exemple la chair, glisse dans le ventre, l'Alchimiste, s'élançant immédiatement, établit la séparation. Et ce qui ne contribue pas à la santé du corps, il le dépose dans des lieux particuliers ; ce qu'il trouve de bon il l'enferme là où il doit se trouver. Telle est l'ordonnance divine. De cette manière, le corps est préservé afin qu'il ne soit pas tué par le poison de ce qu'il absorbe, et celui-ci est séparé par l'Alchimiste sans aucune industrie

---

44   Le mot *ventricule* nous parait avoir désigné, tantôt, d'une façon particulière, l'estomac ; et c'est ainsi que l'entend Fernel, un des plus habiles anatomistes du XVIᵉ siècle (*De Partium corporis humani descriptione. Lib.* I. cap. VII) ; tantôt, d'une façon plus générale, la région épigastrique tout entière, de l'ombilic au diaphragme, par opposition au venter inferior. C'est ainsi que paraît l'entendre Paracelse. La description qu'en donne Rufus d'Éphèse (*De corporis humani partium appellationibus. Lib.* II, cap. X) se rapporte exactement à l'estomac ; suivant Théophile (*De corporis humani fabrica Lib.* II, cap. II) c'est tout l'appareil de la première digestion, y compris l'œsophage, que les anciens appelaient spécialement estomac.

de l'homme lui-même. Et c'est ainsi que la vertu et la puissance de l'Alchimiste se trouvent en l'homme.

CHAPITRE VIII

MAIS comprenez ensuite que, dans chaque chose que l'homme prend pour ses besoins, se trouve le poison, caché de même sous la bonne substance. Dans toute chose, quelle qu'elle soit, il existe à la fois l'essence et le poison. L'essence est ce qui sustente l'homme. Le poison, au contraire, ce qui le détruit et qui le terrasse par les maladies. Et ces deux principes se trouvent dans toute chose alimentaire, relativement à chaque animal qui use d'elle, sans exception aucune.

Et maintenant, prêtez bien attention à ceci, vous autres médecins. Si par suite de cette disposition (*hoc pacto*), le corps se soutient par l'aliment et ne peut manquer de celui-ci, mais lui est soumis en tout, alors le corps absorbe l'aliment tel qu'il le trouve, sous l'une et l'autre espèce, du bien et du mal, et en délègue l'office de séparation à l'Alchimiste. Or, si l'Alchimiste est trop faible (*infirmus*), de telle sorte qu'il ne soit pas apte à séparer, par son industrie subtile, le poison de la substance saine[45], alors ensuite, la putréfaction a lieu, du mauvais et du bon tout ensemble, et ensuite une digestion particulière qui est alors précisément ce qui nous sert d'indication pour les maladies des hommes. Car toute maladie engendrée en l'homme par l'ENTITÉ du poison, provient d'une digestion putréfiée, qui, elle-même, devait consister en une chaleur tempérée afin que l'Alchimiste ne ressente aucune sorte d'excès (*exces-sus*). La digestion étant interrompue, alors l'Alchimiste ne peut aucunement se maintenir à l'état de perfection dans son lieu d'opération (*in suo instrumento*). Donc il est nécessaire que la corruption ait lieu, laquelle devient ensuite la mère de toutes les maladies. Et il convenait à vous, médecins, d'observer très attentivement ceci en votre esprit et non pas de vous embarrasser dans vos ambages. Car la corruption souille le corps; ce qu'elle est ou devient pour lui, l'exemple suivant vous le fera comprendre. Chacun sait que toute onde qui est claire et translucide est apte à être teinte d'une couleur quelconque. Ainsi le corps est semblable à l'onde; la corruption est la couleur. Il n'est aucune couleur qui ne tire son origine du poison et qui ne soit, en même temps, le signe et l'indication du poison.

---

45   *Venenum a malo separare.* Il y a erreur dans le texte latin: *vom guten gescheiden werden*, dit fort bien le texte allemand.

CHAPITRE IX

AFIN que vous compreniez mieux ces choses, sachez que la corruption se fait par deux voies *Localement* et *Emonctoriellement*[46] de la façon suivante. Si, comme nous l'avons dit, ceci a lieu dans la digestion, et que l'Alchimiste, en, opérant son œuvre de séparation, succombe par un vice de la digestion défaillante, alors, au lieu de celui-ci, s'engendre la putréfaction qui est un poison. Car toute chose corrompue est un poison pour le lieu dans lequel elle séjourne, de telle sorte qu'elle est la mère d'un poison certain et mortifère. Car la putridité corrompt ce qui est bon ; et si le bon est chassé par la puissance de celle-ci, alors le mauvais prend la place du bon, en conservant cependant l'aspect extérieur du bon sous lequel se cache la putridité. Et c'est ainsi qu'elle est la mère de toutes les maladies qui sont cachées sous elle. Lorsque la corruption a lieu émonctoriellement, c'est-à-dire par une aberration de la nature expulsive, voici ce qui se produit : Si l'Alchimiste chasse le poison, chaque sorte est expulsée par l'émonctoire qui lui convient, soit le soufre blanc par les narines, l'arsenic par les oreilles, l'excrément par le cœcum (*monocu-*

---

46   *Localiter et Emunctorialiter.*

lum), et ainsi pour les autres poisons, chacun suivant l'émonctoire particulier qu'il possède. Or, si l'un de ces poisons, soit par faiblesse de la nature, soit par lui-même ou par les autres, n'a pas son évacuation, alors il devient la mère des maladies qui lui sont soumises. Ainsi, universellement, deux causes se manifestent en toutes les maladies. Ce dont nous ne vous parlerons pas plus longtemps, car vous en lirez de plus amples développements dans nos livres de l'Origine des maladies.

Chapitre X

Ensuite, suivant ce qui a été dit plus haut de l'Alchimie naturelle, c'est-à-dire de quelle manière elle existe en tout animal, par la nécessité de l'opération séparative qui doit avoir lieu dans le ventricule, ainsi écoutez donc maintenant cette brève doctrine, savoir comment toutes les autres maladies peuvent aussi, par le moyen susdit, être recherchées et reconnues. Pour qu'un homme se conserve et se maintienne en bonne santé, suivant toutes les ENTITÉS, pour qu'il ait, par exemple, un Alchimiste habile qui puisse accomplir parfaitement son œuvre de séparation dans des instruments, réservoirs et émonctoires commodes, il est nécessaire alors de savoir que, outre la perfection des instruments, plusieurs autres choses sont requises, savoir que les astres soient favorables, et que toutes les autres Entités soient bienfaisantes. Et bien que toutes celles-ci n'aient que peu d'influence sur nous, en les supposant toutes bonnes et efficaces; cependant, plusieurs accidents adviennent au corps, qui brisent ou maculent ou pourrissent ou obstruent ces instruments, réservoirs et émonctoires. Ainsi le feu est contraire à la nature et au corps, parce que celui-ci, par sa qualité, par sa nature, son ardeur, sa siccité et autre puissance, peut nous corrompre, de telle sorte que, par sa présence, les instruments de l'Alchimiste soient mis hors d'usage (*violentur, derendert merden*), ce qui le fait apparaître ensuite comme débile.

De même l'eau, par sa nature, sa substance et ses qualités, devient tellement contraire à notre corps et à nos réservoirs, que ces instruments sont, par elle, ou obstrués, ou détériorés, ou altérés d'une manière quelconque. On peut faire le même jugement de l'air et de toutes choses nécessaires, de même que de tous les accidents externes qui sont d'une puissance si grande qu'ils brisent, altèrent les réservoirs, instruments et émonctoires, et les rendent inaptes à remplir leurs fonctions. Alors l'Alchimiste devient infirme et mort, incapable d'accomplir son œuvre.

CHAPITRE XI

MAIS il ne doit pas vous échapper que, par la bouche elle-même, les réservoirs, instruments et émonctoires peuvent être corrompus, soit par l'air, par la nourriture, la boisson et autres choses de ce genre ; de la manière suivante : l'Air que nous aspirons n'est pas sans contenir un venin auquel nous sommes principalement soumis. Il faut également tenir compte de la quantité de nourriture et de boisson et de la mauvaise qualité de celle-ci, qui discorde avec les instruments du corps, ce par quoi les organes sont violemment brisés, de telle sorte qu'en ce cas l'Alchimiste est manifestement troublé en ses opérations, d'où il en résulte : Digestion, Putréfaction et Corruption. Et telle la propriété du poison de la chose que l'homme absorbe, telle la nature que revêt (*induit*) le ventricule et avec lui tous les autres organes du corps. Et celle-ci devient ensuite la mère des maladies de ce même corps. Car vous devez vous, médecins, comprendre qu'il n'y a qu'un seul poison (et non plusieurs), qui apparaît comme la mère des maladies ; par exemple, si vous mangez de la chair, des légumes (*olus*, Bemüb), de la purée (*puls*), des épices (*aromata*), et que, de ces aliments, la corruption soit engendrée dans le ventre, alors la cause de cette corruption n'est pas dans chacune de ces nourritures ; mais, de toutes celles-ci, provient un seul et même poison, soit des légumes, de la chair, de la purée ou des épices. Et sachez que c'est ici le lieu d'un très grand arcane. Si vous connaissez parfaitement ceci, c'est-à-dire quel poison est la mère des maladies, alors nous souffrirons qu'on vous appelle vraiment médecins. Car alors vous aurez la connaissance du remède dont vous devrez user, ce que vous ne feriez, autrement, qu'avec de nombreuses erreurs. Et que ceci soit pour vous le fondement de la mère de toutes les maladies, lesquelles sont au nombre de six cents.

CHAPITRE XII

Nous vous communiquerons ici un bref enseignement touchant les poisons, afin que vous recherchiez ce que nous entendons par poisons et quels ils sont. Nous vous avons indiqué que, dans tous les aliments, se trouve un poison. Donc, des aliments est extraite une certaine ENTITÉ puissante, supérieure à nos corps. Ensuite nous avons expliqué qu'il y a en nous un Alchimiste qui, par ses instruments et réservoirs, sépare le poison, de l'aliment, au profit du corps. Ceci fait, l'essence elle-même se résout en teinture du corps et le poison se retire hors du corps, par les émonctoires. Chaque chose étant administrée suivant cet ordre, l'homme, en raison de cette ENTITÉ même, est sain et fort. Cependant, souvenons-nous des accidents hostiles qui peuvent survenir dans l'ENTITÉ même, de telle sorte qu'elles la détruisent, d'où ensuite naît la mère des maladies. Ceci étant rappelé, écoutez ceci touchant les diverses sortes de poisons. Je pense que vous savez quels sont les émonctoires et combien il y en a. C'est en étudiant ceux-ci que vous parviendrez à la connaissance des poisons. Tout ce qui est exsudé substantiellement par les pores de la peau est du mercure résolu. Ce qui est excrété par les narines est du soufre blanc. Par les oreilles, l'arsenic est rejeté. Par les yeux, le soufre. Par la vessie, la résolution du sel ; par l'anus, le soufre putréfié. Et bien que votre raison demande à connaître sous quelles forme et apparence chacun peut être éprouvé (*probari*, bemert mirt, estimé), notre présente Parenthèse ne l'entreprend pas. Mais au livre *De humana constructione*, vous puiserez les fondements de la Philosophie qu'il est nécessaire aux médecins de connaître, de même que vous y trouverez, abondamment énumérés (comme la lecture vous le prouvera), les remèdes exigés par les nombreuses causes qui proviennent de la putréfaction. Et vous y trouverez également comment le poison se cache sous les aliments.

CHAPITRE XIII

Nous allons placer sous vos yeux un exemple par lequel vous comprendrez rapidement comment le poison se trouve sous l'aliment, et comment la condition de chaque chose, parfaite en soi, devient vénéneuse pour les hommes ou les animaux qui s'en servent. Voici ce que nous proposons. Le bœuf, avec sa parure (*ornatus*), se suffit à lui-même selon la nécessité de sa modalité de formation (*conditus*, Rotturft) ; sa peau suffit aux accidents de la chair ; ses émonctoires à l'Alchimiste. Mais cet exemple ne vous paraîtra pas se rapporter au sujet traité. Nous en donnerons un autre. Le bœuf a été créé avec la forme qu'il possède, pour sa nécessité propre, puis pour servir à la nourriture de l'homme. Or, considérez que le bœuf est ainsi, pour l'homme, un poison à moitié. Car s'il eût été créé uniquement pour l'homme et non pour lui-même, il n'eût eu ni cornes, ni os, ni ongles. Car dans ceux-ci ne réside aucun aliment ; et ce qu'on en extrait n'est nullement nécessaire. Vous voyez donc que le bœuf a été fort bien créé, en raison de lui-même, et qu'il ne se trouve rien en lui qui manque ou qui soit superflu. Maintenant, si nous l'employons à la nourriture de l'homme, alors l'homme, en le mangeant, absorbe à la fois ce qui lui est contraire et qui est un poison pour lui, quoique ce ne soit pas un poison pour ce bœuf. Il faut donc que celui-ci soit séparé de la nature de l'homme, ce qu'accomplit son Alchimiste, où divers poisons sont engendrés, sans exception. Car tout poison est rejeté, par l'œuvre de l'Alchimiste, dans ses émonctoires, ce qui remplit ceux-ci. Or, tout Alchimiste, parmi les hommes, peut accomplir ce que l'Alchimiste accomplit dans le corps ; aucun art ne manque, nulle part, à celui-ci. Que chacun voie donc par cet exemple, qu'il doit s'efforcer d'opérer comme opère l'Alchimiste de la nature. Et si les poisons sont séparés, de telle sorte qu'on ne voie plus de poison, pensez que, même de ce bonnet, on peut extraire une excellente huile d'or, laquelle, cependant, est la plus détestable de toutes les huiles. Le mucus des narines n'est pas compté au nombre des poisons ; cependant, c'est aussi un poison très maudit, duquel naissent toutes les maladies catharrales (*morbi destillationum*), ce qui se voit parfaitement par ces maladies mêmes.

PARTICULE PREMIÈRE

CES choses étant dites, on voit que nous vous avons suffisamment expliqué ce qu'est l'ENTITÉ du Poison, qui est engendrée seulement de ce que nous absorbons dans la fonction de manger et de boire, c'est-à-dire à la fois aliment et poison. Notez ensuite que, s'ils sont corrompus, la digestion n'est autre que cette corruption. De là, sachez enfin que tout poison, de quelque manière que ce soit, est engendré en son lieu, et qu'au bout d'un certain laps de temps, de ce poison sont produites ou les maladies ou la mort.

PARTICULE SECONDE

BIEN que, dans cette présente ENTITÉ, nous ne vous expliquions pas pour quelle raison chaque maladie est engendrée par les poisons des nourritures, que nous avons cités et qui sont chassés vers leurs émonctoires ; cependant, dans le but d'éviter une erreur, omettez ceci dans cette Parenthèse et cherchez-le dans les livres de l'origine des maladies ; nous vous l'enseignerons très clairement, à cet endroit, selon ce même principe. Et ainsi vous connaîtrez en une seule étude quelles sont les maladies de l'Arsenic, du Sel, du Soufre, du Mercure, selon la distribution de chaque forme et de chaque espèce, et suivant que chacune est apte en elle-même à la génération des maladies. C'est par ces paroles que nous avons voulu conclure cette ENTITÉ ; nous vous les offrons à connaître comme base de nos autres livres.

PARENTHÈSE INTERCLUSE LIVRE TROISIÈME ET TROISIÈME LIVRE PAYEN (*PAGOYUM*) DE L'ENTITÉ NATURELLE (*DE ENTE NATURALIS*)

Traité de l'Entité Naturelle

Chapitre premier

Comme je ne doute pas que vous devez porter un jugement tout à fait différent de vos écrits et de notre Entité naturelle, et que vous ne faites pas plus de cas de celle-ci que d'une bagatelle, nous enseignerons ici qu'il est une *Entité naturelle* qui, dans notre Parenthèse, est la troisième, de laquelle toutes les maladies peuvent être engendrées, et le sont chaque fois que cette Entité naturelle subit une mutation, comme les Chapitres suivants nous le feront connaître. Notez tout d'abord ce qu'est l'Entité naturelle. Si, dans la définition que nous allons donner de celle-ci, nous n'usons pas des termes propres de votre langue maternelle, telle que vous

l'avez apprise d'Heinrichmann [47], je veux que vous vous
souveniez de ce droit nouveau et de la simplicité des vieux
auteurs oubliés. Voici ce qu'est l'ENTITÉ naturelle. Vous
avez connu, de la science astronomique, les influences, le
firmament et tous les astres, et les étoiles et les planètes,
et le génie du ciel, et vous avez appris et examiné toutes
ces choses tout à fait à fond. Que ceci soit donc une introduction à notre sujet, que, par la même raison pour
laquelle vous avez connu l'élément dans le ciel, de même
une constellation semblable et un firmament analogue, se
trouvent dans l'homme. Nous ne rougissons pas de votre
doctrine par laquelle vous appelez l'homme *Microcosme*.
Car le nom lui-même est exact, mais vous ne l'entendez
pas du tout comme il le doit être et vos interprétations
sont obscures et pures ténèbres. Croyez que c'est chose
nécessaire que nous expliquions le microcosme. Tel le
ciel, avec tout son firmament, sa constellation et autres
attributs, existe selon et pour lui-même, tel l'homme
sera aussi puissamment constellé d'astres, à l'intérieur de
lui et pour lui. Et de même que le firmament est, dans
le ciel, en sa propre puissance (*pro se*, für fich felbft), de
telle sorte qu'il n'est gouverné par aucune créature, le firmament qui est dans l'homme n'est pas plus régi par les

---

47   Cet auteur n'est point cité dans l'*Allgemeine Deutsche
Biographie;* c'était peut-être quelque professeur célèbre, aujourd'hui
totalement oublié.

autres créatures ; mais il est, en lui-même, un firmament libre et puissant, n'obéissant à aucun ordre. D'où vous devez conclure qu'il y a deux sortes de créatures, l'une le ciel et la terre, l'autre l'Homme.

CHAPITRE II

Nous allons vous expliquer ceci. Vous avez reconnu les mouvements du firmament jusque dans leurs plus petits détails. Ensuite vous avez appris minutieusement tout ce qui concerne la terre et tous les êtres qu'elle produit ; vous avez connu les éléments eux-mêmes et toutes les substances. Ce même Univers, vous eussiez dû le reconnaître en l'homme, et avoir expérimenté que le firmament exerce une circumaction dans l'homme lui-même, par un mouvement admirable des corps des planètes et des étoiles ; et tout ce qui constitue et manifeste leurs exaltations, conjonctions et oppositions, que vous recherchez pour vos sciences ; tout ce que la doctrine astronomique puise de principes abstrus et profonde, par les aspects, par les astres et autres choses, tout ceci eût dû vous servir d'exemple pour ce firmament corporel. Car aucun de vous, ignorant en astronomie, ne peut devenir savant en médecine. Qu'il soit donc dit, une fois pour toutes, que ce qui concerne le firmament doit vous servir d'exemple, et de déduction pour le firmament corporel. Il est bon, ensuite, de se rappeler que la terre produit tous ses fruits afin que l'homme en vive et s'en nourrisse. Vous devez croire également, au sujet de l'homme, que tous les fruits que le monde produit, soit grands, soit petits, soit moyens, sont engendrés en lui de la manière suivante : Vous ne disconvenez pas que la terre existe à telle fin de porter à la fois et les fruits et l'homme. Cette fin est également celle du corps. Ainsi de (*ex*, auff) et dans (*in*, in ihm felbft) ce même corps sortent (*emergunt*, machft) tous les aliments dont il a besoin et qui sont dans le corps. Et ceux-ci sont les membres du corps. Leurs croissances sont les mêmes que celles des fruits de la terre. De même que ceux-ci sont destinés au corps, de même les aliments qui naissent du corps sont destinés aux membres du corps; donc ils naissent tous dans l'homme. C'est pourquoi nous vous exposons ceci, afin que vous compreniez que les membres du corps n'ont besoin d'aucun aliment étranger [48]. Car le corps leur fournit les aliments

---

48   Cette théorie souffre explication : les aliments sont élaborés au sein de la terre ; ils subissent dans le sein du microcosme une nouvelle élaboration qui les transforme en un aliment très pur, le chyle, et c'est de cet aliment seul que se nourrissent les membres, et non pas de l'ali-

provenant de lui-même. Vous devez aussi remarquer ici qu'il y a seulement quatre membres qui nourrissent le corps ; tous les autres sont des Planètes et n'ont besoin d'aucun aliment, pas plus que le firmament lui-même. Car le corps est double : firmamentel et terrestre. Je vous dis aussi que l'homme est composé de deux créatures, savoir, l'ensemble des choses qui nourrissent, et l'ensemble des choses à nourrir ou nécessiteuses.

CHAPITRE *III*

E T maintenant rappelons que, dans le corps, il existe quelque chose qui n'a pas besoin de nourriture externe, et sachez que c'est le firmament du corps. Car, de même que le ciel vit dans son firmament sans aucun aliment, de même le firmament corporel se soutient par lui-même (*se habet*, fteht). Le corps, qui est à la similitude de la terre, fournit de lui-même l'aliment aux quatre membres.

---

ment tel que le produit le macrocosme. Or, l'opération produite par l'estomac est analogue à celle que produit la terre.

Ceux-ci se nourrissent eux-mêmes[49] sans avoir besoin d'aucune chose étrangère, parce que quatre esprits existent, dans le corps, que le corps fortifie et nourrit. Mais ce qui ajoute encore à la sustentation du corps (*den leib zu enthalten*) c'est, comme vous le remarquerez, qu'il existe une chose qui soutient et protège le firmament, de même que ceci aide cela, ce que nous voyons exister en eux. Qu'il soit vraiment de notre devoir de rechercher quelle forme et quelle apparence cette chose revêt dans ses manifestations extérieures, de ceci nous ne tirons nulle gloire. Recevez cependant nos paroles, comme l'homme lui-même est contraint, par un semblable lien, d'accepter un aliment extérieur tel que le sort le lui donne. Mais cet aliment appartient uniquement au corps, comme le fumier à la terre. Ce n'est pas de lui que naît le fruit ; il n'accroît pas non plus la semence de celui-ci ; il n'a d'autre action que celle de fortifier la substance du corps et de la rendre prolifique, ce que le fumier fait au champ. Car hormis ceci, il n'a pas d'autre action. Il donne la nourriture à l'homme comme s'il était son fumier. Car ni la vie, ni l'intellect, ni l'esprit, ni aucune autre chose de ce genre n'ont leur principe dans la nourriture ou la boisson, et même ne peuvent en être ni améliorés ni détériorés. Donc la nourriture

---

49	*Dieselbigen neeren sich dieselbigen.*

se comporte, dans le corps, comme le fumier dans le champ. Le fumier chauffe et engraisse le champ d'une façon mystérieuse. La nourriture produit le même effet dans le corps (suivant le mode qui convient à celui-ci) ; mais elle n'a nulle action sur les choses qui sont dans le corps. Que ceci vous serve donc d'introduction pour comprendre les chapitres suivants, afin que vous sachiez que nous plaçons l'homme dans le firmament de son corps et dans sa propre terre[50] et semblablement dans ses éléments, etc., etc. Comme vous le comprendrez par la lecture de ce qui suit.

CHAPITRE IV

ABORDONS le principe de l'étude du firmament. Touchant celui-ci, prêtez attention à la Création et à la Destination, c'est-à-dire au commencement et à la fin et à tout ce qui, dans l'intervalle, doit être accompli ; ceci nous l'enseignons de ce firmament. Il faut noter, au sujet de ceci, que sept membres sont placés dans le corps ; ceux-ci ne prennent aucun

---

50   *In sein eigen Erden.* Le latin est infidèle ici ; *et suæ ipsius terræ.*

aliment ; mais ils se soutiennent en eux-mêmes, à la manière des sept planètes qui se nourrissent elles-mêmes, sans qu'aucune tire son aliment ni sa nourriture d'une autre, ni qu'elle prenne quoi que ce soit de ces mêmes astres. Considérez cet exemple : La planète Jupiter est, de sa nature, telle, qu'elle n'a besoin d'aucun fumier pour la sustentation de son corps. Car elle a reçu assez de provisions pour elle-même dans la création. C'est pour la même raison que le foie n'a pas besoin d'être engraissé par aucun fumier, mais il conserve sa substance sans aucun limon (*cœnum, Mist*). Si vous persistez dans votre objection et si vous parlez de la digestion du foie, ceci nous fera tordre de rire (*id nos in risum detorquebimus, das mollen mir in ein gelechter ziehen*) comme si nous entendions un poète allemand dire des niaiseries au sujet des couleurs azurées des montagnes, lesquelles n'existent pas. Quant à notre manière d'opérer la coction, nous chargerons cet Alchimiste qui produit le fumier dans son champ c'est-à-dire le paysan, de l'énoncer. Car les sept membres susdits n'ont nul besoin d'engrais. De même que vous avez compris ceci de Jupiter et du foie, tenez également pour certain que la Lune est le cerveau ; le Soleil, le cœur ; Saturne, la rate ; Mercure, le poumon ; Vénus, les reins. Et, d'après la manière dont les firmaments supérieurs manifestent et montrent leurs cours, vous pouvez juger qu'il en est de même pour les inférieurs. Donc si vous désirez diagnostiquer une maladie, connaître son point critique (*si cognituri crisin estis*), il faut certainement que vous appreniez, avant tout, quel est le cours ou le mouvement naturel qui s'opère dans le corps. Si vous êtes ignorant de celui-ci, alors, par Dieu[51], vous ne pourrez, en aucune manière, traiter (*disponere*, Setzen) dans la crise, les maladies naturelles, c'est-à-dire provenant de l'ENTITÉ naturelle. Car les crises de celles-ci, de même que celles du ciel, sont de deux sortes, très éloignées l'une de l'autre, comme vous le comprendrez plus clairement dans la suite.

CHAPITRE V

MAINTENANT, nous vous communiquerons la doctrine touchant l'investigation de la crise, autant que le sujet de cette parenthèse le comporte. Et voici comment : quand un enfant naît, son firmament et les sept membres (qui se suffisent à eux-mêmes, comme les sept Planètes), naissent aussi avec lui et aussi tout le firmament, c'est-à-dire tout ce qui se

---

51   Cette exclamation n'est pas dans l'allemand.

rapporte à un firmament. Car si nous parlons d'un firmament, nous entendons ce firmament plein, et non pas vide, tel qu'il existe dans l'enfant, à l'état de perfection. Le firmament de cet enfant, dans sa nativité, indique la prédestination, c'est-à-dire combien de temps l'Entité naturelle doit suivre son cours[52]. Car je suppose qu'une création s'accomplisse à l'heure présente. Alors la fin de la création sera déterminée en même temps, par exemple, à la trentième année. Car c'est le propre de la création et de sa fin, de pressentir dans la nature, et d'apprendre, de la nature elle-même, jusqu'à quel point et pendant combien d'années l'Entité naturelle doit accomplir son cours. Si tu consultes un sablier, dès que celui-ci commence à laisser couler le sable, tu sais dans combien de temps il devra s'arrêter. De même la nature procède, dans l'être créé, de façon qu'elle sait jusqu'où l'Entité naturelle doit accomplir son cours. Et, selon la distance parcourue ou à parcourir, l'Entité de la nature et de l'être créé dispose, d'après ce temps, dans le corps lui-même, tous les mouvements et cours qui sont dus aux planètes corporelles, afin que tous soient accomplis dans le temps qui est entre la création et la prédestination. Voici un exemple : Un enfant naît à l'heure présente et, suivant l'Entité naturelle, doit vivre dix heures,

---

52   *Lauffen soll.* Le latin ajoute : *aut vigere.*

de telle sorte que sa prédestination, dans l'Entité créée, a été ordonnée ainsi. Donc les planètes corporelles accomplissent toutes les heures par leur cours, comme si l'enfant eût vécu jusqu'à l'âge de cent ans. L'homme centenaire n'a pas d'autre cours (quoique celui-ci soit fort long) que l'enfant qui vit une heure ou même un temps plus court. Ainsi nous avons voulu faire comprendre et observer ce qui, dans l'Entité naturelle, est créé et prédestiné, parce que les autres Entités brisent très souvent cette prédestination.

CHAPITRE VI

Nous vous avons déjà fait savoir que le firmament a été créé en même temps que les hommes et doit durer autant qu'eux. C'est pourquoi celui-ci a engendré à la fois son cours et sa prédestination, mais n'engendrera ensuite aucune descendance (*soboles*, *jungs*). C'est pourquoi tous les cours de celui-ci ont été prolongés de telle sorte qu'il puisse attendre sa prédestination. L'homme accomplit tous ses cours en une heure si son Entité naturelle a été achevée (*conclusum*) en une heure. C'est pourquoi le changement de la Lune n'a aucune influence sur le cerveau. La cause en est que le cerveau est rénové (*innovatur*) par le cœur plusieurs centaines de milliers de fois, tandis que, pendant ce temps, la Lune ne reçoit du Soleil qu'une seule et même lumière, et il (le cerveau) accomplit, dans sa prédestination, autant de nouvelles lunes et de pleines lunes que la Lune elle-même dans sa prédestination. Car Dieu l'a formé et constitué de la même manière. La critique (*criticatio*) ou explication Astronomique de la crise sur l'Entité naturelle est donc complètement inhabile (*inartificiosa*). Car tout ce qui affaiblit le corps lui-même en soi par l'Entité naturelle, manifeste la crise (*critizat*) suivant son mouvement propre et non selon le firmament du ciel. Ainsi, au regard de l'Entité naturelle, il n'y aucune relation (*commercium*) entre Saturne et la rate ni entre la rate et Saturne. Evaluez donc le temps compris entre l'instant de la création et la prédestination d'un être, et ordonnez donc au ciel de rester le ciel de son firmament [53]! Car l'être créé ne communique plus avec l'enfant (qu'il a mis au monde), de même que l'enfant ne communique plus

---

53   C'est-à-dire impossibilité absolue, puisque l'instant de la création est le même que celui de la prédestination, et que le ciel de l'instant de la naissance, qui est le firmament astrologique de l'individu, est différent, un instant après.

avec lui [54]. Ainsi nul ne reçoit quelque chose d'un autre en raison de l'ENTITÉ.

Si quelqu'un se trouvait, qui connaisse la prédestination du ciel, celui-ci même connaîtrait aussi les prédestinations de l'homme. Or, seul, Dieu a conscience de la prédestination, c'est-à-dire de la fin. Mais afin que nous ne soyons pas portés à oublier ceci par hasard, considérez ici avec moi quelles sont les exaltations, conjonctions, oppositions et autres semblables. Car celles-ci n'ont pas lieu matériellement, mais tout à fait spirituellement. Ceux-ci (les astres) accomplissent leur cours, et non pas la substance même. Car la rapidité du cours ou du mouvement du firmament corporel n'admet pas cette conception dans la substance. Ainsi l'esprit seul, en quelque membre que ce soit, accomplit, comme la planète, des mouvements pour lesquels il faut suffisamment de temps pour croître et décroître. C'est pourquoi celle-ci (la planète) est appelée l'ENTITÉ durable, (*Ens longum*), et l'homme l'ENTITÉ brève (*Ens breve*).

---

54   L'enfant reçoit de ses ascendants le caractère initial de son tempérament et de sa complexion ; dès qu'il vit de sa vie propre, il ne reçoit plus d'eux aucune influence.

CHAPITRE VII

L E Cœur est le Soleil. Et de même que le Soleil opère dans la terre et par lui-même, le cœur, pareillement, opère dans le corps, et lui-même aussi. Et si toutefois il n'y a pas de splendeur du Soleil, la splendeur du corps existe cependant, et c'est le cœur qui la manifeste. Car, du cœur, assez de splen

pérament et de sa complexion; dès qu'il vit de sa vie propre, il ne reçoit plus d'eux aucune influence.

au cerveau, et réciproquement, mais en esprit cependeur découle vers le corps. De même la Lune équivaut dant, et non en substance. C'est pour cette raison que tant d'accidents affligent le cerveau. La rate accomplit son mouvement à la manière de Saturne; et autant de fois celui-ci va de sa création à sa prédestination, autant de fois la rate accomplit son cours, depuis sa naissance jusqu'à sa mort. Le Fiel est Mars. Mais il ne se rapporte pas du tout à Mars dans sa substance; c'est pour cela que tout firmament possède sa manière propre (*mos*, Brauch) et sa substance adéquate à son sujet, avec lequel il se trouve en rapport. Ainsi donc le fiel est indépendant (*se habet*) en sa substance, comme Mars dans l'esprit; et le fiel est dans son esprit comme Mars dans l'air. La nature de Vénus se trouve dans les reins (ainsi que les exaltations de celle-ci) plus ou moins, selon Vénus elle-même, et conformément à la prédestination de tous les deux. Et comme l'opération qu'accomplit Vénus est dirigée vers les fruits de la terre qui doivent être engendrés, de même la puissance des reins se concentre vers le fruit humain, afin que Vénus ne consume rien dans le corps. Car les reins accomplissent ce genre de fonction ; et quel autre organe, hormis eux, pourrait le faire ? Et de même que Vénus est embrasée par la conception d'une puissance provenant de la grande ENTITÉ, ainsi les reins tirent une force du sentiment (*sensus*) et de la volonté humaine. Mercure est la planète semblable aux poumons. L'un et l'autre sont puissants dans leurs firmaments respectifs ; mais l'un n'a aucun rapport avec l'autre. Et de même que le Mercure de la terre est d'une certaine utilité aux fruits qu'elle doit engendrer, les poumons procurent à l'homme cette même utilité. La planète Jupiter est semblable au foie, même jusque selon sa substance, comme on l'apprendra ainsi : le foie étant absent du corps, rien ne peut subsister dans le corps, de même que Jupiter adoucit et apaise, par sa bénignité, toutes les tempêtes. Donc l'un et l'autre existent, chacun dans leur firmament, animés d'un même mouvement et produisant un même effet.

CHAPITRE *VIII*

C E que nous avons déjà établi touchant l'ENTI-
TÉ naturelle, savoir comment celle-ci demeure
(*habeat*, stehef) dans ses constellations, nous
l'étudierons également au sujet des astres des corps (*de
sideribus corporam*) et ensuite nous nous reposerons (*ru-
men*, pour *ruhen*). Cependant, pour une induction plus
parfaite, nous affirmerons ici quelques autres principes
qui ne seront pas sans utilité pour notre Parenthèse. Ceci
aura lieu dans les chapitres suivants. Mais il faut que
vous connaissiez ceci : Le mouvement des esprits des astres corporels a lieu de son origine ou principe (*stemma*,
litt. *Tige* : Stam) de ce membre, jusqu'à la fin de ce membre, avec retour vers son origine, comme une réflexion à
son centre. Voici un exemple. Le cœur répand (*diffundit*,
giht) son esprit dans tout le corps, non autrement que
le soleil répand le sien parmi tous les astres et sur la terre
elle-même. Cet esprit (du cœur) est utile au seul corps,
pour sa sustentation, et non aux sept autres membres.
Il court du cerveau au cœur, puis revient du cœur à son
centre spirituellement ; mais il ne franchit pas d'autres
limites. Le foie fait circuler son esprit vers le sang seul,
sans toucher ailleurs. La rate dirige son cours dans les
flancs (*latera*, Seitten) et les intestins. Les reins se fraient

leur voie (lauffen ihren Bang) par les lombes, les voies urinaires et les parties voisines. La voie du poumon se trouve dans le périmètre de la poitrine et de la gorge. Le fiel prend son mouvement dans le ventricule et les intestins. Toutes ces parties ayant chacune leur destination bien établie, vous devez donc connaître que si l'une d'elles s'égare et pénètre dans les voies étrangères, par exemple la rate dans les voies du fiel, alors, nécessairement, des maladies s'engendrent. Et il en est de même pour toutes les autres. Vous verrez tout ceci plus amplement et plus clairement expliqué au livre de la *Génération des maladies*. Ce que nous avons dit ici suffit. Faites le même jugement touchant les autres étoiles, puisqu'elles se trouvent dans le corps selon la norme de ce firmament, ce qui est également vrai pour les astres des corps, et les erreurs des astres qu'ils (causent et) fomentent[55] eux-mêmes par les réflexions qu'ils produisent dans leurs mouvements. Comme introduction à ceci, nous disons que vous devez comprendre qu'il y a sept vies, dont aucune ne rencontre (*antrifft*) la vie vraie et véritable (*genuina et vera*, das rechte leben) comme celle dans laquelle réside l'âme ou mentalité (*anima seu mens*, Seel) ainsi qu'il est rapporté de la vie et de l'âme. Comprenez donc ainsi comment

---

55 *Alunt foventque*. Ceci est exprimé par un seul mot en allemand : *neeren*.

les autres membres obtiennent la vie de ces sept (sortes de vies), savoir chacun de sa planète, c'est-à-dire dans le mouvement qui lui est propre.

CHAPITRE IX

Nous avons terminé le chapitre précédent en ajoutant que, au moyen de sept vies, chaque membre est nourri et conservé (*foveri*) par sa Planète particulière. D'après cet enseignement, vous devez savoir que tout ce qui tire sa vie du foie est soumis au foie. De même ce qui vit par le cœur est subordonné au cœur. Et ainsi de tous les autres membres. Il faut donc maintenant que vous observiez les Éléments du corps. Et si, dans cette doctrine, nous apportons un style tout autre que celui qui vous plaît et que sentent vos compilations, ceci ne nous émeut guère. Or, apprenez donc ici quels éléments sont dans le corps. Tous ceux-ci dominent dans l'ENTITÉ naturelle. Car certaines maladies naissent des étoiles, d'autres des éléments, d'autres proviennent des qualités, certaines prennent leur origine des humeurs ; d'autres, enfin, des complexions, comme nous le dirons dans la suite. Mais afin que vous compreniez ici ce que sont les Éléments du corps, examinons la chose à fond. Le feu reçoit son origine du septième mouvement. Car le mouvement que ceux-ci (les éléments) possèdent, chasse essentiellement la chaleur enfermée en eux de cette manière : le feu des Éléments est invisible dans le corps, à moins qu'il ne se révèle par une contusion (*ictus*, Streich — ou une plaie) des yeux[56]. Alors[57] des étincelles jaillissent, parce que des issues se trouvent en cet endroit (*ductus patent,* die geng offen stendt) et que le coup est appliqué près de l'œil, qui est, de tous, l'endroit où il est le plus difficile aux étincelles de se dissimuler. Ainsi de même que, dans ce monde, nous n'avons jamais de feu, à moins qu'il ne soit extrait de force (*excutiatur,* schlahends aub) de la même manière, il subsiste aussi, caché dans le corps. L'eau inonde tout le corps dans toutes les veines, les parties nerveuses, les os, les chairs et enfin dans tous les membres. Et il n'y a aucun membre, dans tout le corps, qui n'ait en lui de l'eau, et qui n'en soit entouré (umbgeben) comme la terre et baigné (*perfusum,* durchzogen) comme la terre. L'air, aussi, est dans le corps, par le mouvement continuel des membres qui produit des vents dans le corps. Et de même que quatre vents

---

56   Ceci est dans le latin seulement.

57   C'est-à-dire lorsque l'oeil est frappé violemment, ce qui fait voir, dit le vulgaire, trente-six chandelles.

surgissent (*exoriuntur*, entipringen) dans le monde, ceci de même doit s'entendre des vents corporels. Ensuite la terre est ce par quoi les aliments sont produits. Ainsi donc les quatre Éléments se trouvent dans l'homme, non autrement, et selon les mêmes prédestinations avec lesquelles ils existent dans le monde. Cependant il nous paraît plus probable que le Créateur doit avoir formé la créature libre, des quatre éléments qui ne sont pas nés (*oriuntur*) des autres membres, ce que démontrent les livres de la Créature première (*de Creato Primo*).

CHAPITRE X

PUISQUE nous venons de rapporter, au sujet du mouvement des étoiles, c'est-à-dire du firmament lui-même et des Éléments ensuite, comment celles-ci (les étoiles) habitent dans le corps vivant, et subsistent substantiellement en elles-mêmes, chacune en sa propre puissance, nous vous ajouterons encore ici quelque chose pour compléter cette doctrine. Et afin que l'ENTITÉ naturelle soit connue de façon fondamentale, nous réinculquerons en votre esprit les quatre complexions : colérique, sanguine, mélancolique et phlegmatique. Mais de ce que nous énumérerons celles-ci, nous n'entendons pas nous assujettir à cette opinion, qui affirme qu'elles existent par les astres et les éléments ou en proviennent. Ce qui n'est pas ou du moins n'est que très peu exact. Cependant nous vous céderons en ceci, et nous prouverons votre argument de ce qu'elles ont été données au corps de chaque créature. Dans le corps se trouvent quatre saveurs (*gustus*), lesquelles se trouvent également dans la terre : l'*acidité*, la *douceur*, l'*amertume* et la *salsitude*. Nous vous apportons de ces quatre choses l'explication suivante. Les quatre saveurs sont parfaites en toute espèce de sujet. Cependant, elles ne sont reconnaissables (*pervestigabiles*, zuergründen) dans aucun sujet hormis dans l'homme. La colère tire son principe de l'amertume. Et toute chose amère est chaude et sèche ; cependant le feu ne l'atteint pas. Car le feu n'est ni chaud ni sec ; il est le Feu. L'acidité est mélancolie. Car tout ce qui est acide, est froid et sec. Et ce que l'on comprend sous l'appellation de Mélancolie n'appartient en rien à la terre. Car entre la Terre et la Mélancolie existent un grand intervalle et une grande différence. Le phlegme provient de la douceur. Car toute chose douce est froide et humide, et pourtant ne peut équivaloir à l'eau ; c'est pourquoi le Phlegme et l'Eau sont choses distinctes, ayant chacune leur raison d'être, tout comme l'eau et le feu. Le sang provient du sel ; et tout ce qui est salé est sang, c'est-à-dire chaud et humide. Et tout ceci s'entend des quatre complexions, selon qu'elles naissent dans le corps, comme l'*Acidité, la Douceur,* l'*Amertume* et la *Salsitude.* Nous ferons mention des autres dans le chapitre suivant. Donc nous pouvons conclure que, si le sel domine dans l'homme par l'Entité de la complexion, alors celui-ci est sanguin. Si l'amertume prévaut, il est colérique. Si l'acidité prédomine, il est mélancolique. Si la douceur surpasse les autres, il est phlegmatique. Ainsi donc, les quatre complexions sont dans le corps comme dans un certain jardin, dans lequel naissent l'amarissa[58], le polypode (*polypodium*), le vitriol et le sel nitre. Et toutes peuvent subsister dans le corps, quoique, cependant, une seule prédomine.

CHAPITRE XI

Les complexions étant indiquées, il importe de savoir, outre ceci, que rien ne peut être conclu, comme vous le croyez, touchant l'homme, de l'es-

---

58   Ou les *amarissa*? Ce terme est inconnu à Roch le Baillif, Gérard Dorn et Michel Toxites. Il ne figure pas dans le *Lexicon Medicum* de Castelli.

sence même de celles-ci, comme si vous disiez que le
sanguin doit être joyeux et le mélancolique triste. Car
ceci est faux. Car ce que vous appelez propriétés de la
nature, nous l'appelons *propriétés des esprits*. Soyez donc
persuadés que la nature ne dispense aucune de ces choses
telles que la joie, la science et autres semblables. Seuls,
les esprits engendrent celles-ci, qui sont tirées, non de la
nature, mais des êtres incorporels qui sont enfermés dans
le corps. Que ce soit donc un proverbe pour vous, que
vous ne devez pas faire usage de ce qui est tiré de la nature. Car l'homme sapient n'a pas divulgué (auffbracht)
ceci. Mais parmi tout ce que signifie l'ENTITÉ naturelle,
prêtez attention à l'humeur. Celle-ci est la *liqueur de vie*.
Car c'est par elle que vit le corps. De ceci, apprenez donc
qu'il existe dans le corps une certaine humeur qui ré-
chauffe et soutient tout le corps. Elle est la vie des membres. Cette humeur est, par elle-même, une ENTITÉ qui
engendre les métaux dans la terre et, dans l'homme, la
bonté ou la malice. En voici l'explication. L'homme a été
disposé pour avoir cent vertus, et autant de malices[59].
Ceci ne lui est pas provenu (*defluxit*) par les astres ni par
aucune autre étoile du firmament, ceci lui est advenu
(*ernersit*, fompt) par cette seule humeur. Rendons ceci
évident par un exemple. Le monde contient en lui plu-

---

59   Le latin dit : *mille* !

sieurs métaux (c'est-à-dire plusieurs vertus) en tel lieu moins bons, en tel autre meilleurs. Ceci se trouve également en l'homme. En lui sont plusieurs vertus : la raison en est que l'humeur même est la manière du bien de la nature. En lui sont plusieurs vices, par la raison qu'elle engendre beaucoup de métaux mauvais. Et ces vertus ne répondent pas aux mœurs et au naturel des hommes, mais s'évaluent d'après les couleurs et la complexion (*habitu*, gezird). Car, qui est bien coloré est d'une bonne minière. Celui qui est mal coloré est d'une mauvaise minière. Mais vous ne pouvez pas affirmer que l'homme qui est de la couleur de la rose soit, à cause de ceci, un sanguin, ni que celui qui est de la couleur de la cire soit un colérique. Voici comment vous jugerez : Celui-ci a la rougeur de la rose ; donc c'est un solarien. Car cette noble couleur qui se trouve dans la rose est l'or. Et vous jugerez ainsi des autres couleurs : C'est pourquoi nous vous affirmons qu'il est indiscutable que vos couleurs témoignent de l'humeur. Et, par ce moyen, vous pourrez juger de quelle nature est cette humeur. Car beaucoup de maladies lui sont soumises, qui ne se trouvent sous la puissance d'aucune autre cause.

PARTICULE PREMIÈRE

Aux démonstrations ci-dessus concernant le mouvement du corps, ajoutez qu'il y a, en ce corps, quatre de ces mouvements : le Firmament, les Éléments, les Complexions et les Humeurs. Touchant ces quatre choses, notez que c'est en elles que consistent toutes les maladies et que c'est d'elles qu'elles proviennent. Car selon l'Entité naturelle toutes les maladies sont distribuées en quatre genres : le genre des Étoiles ; ce sont les maladies chroniques ; le genre des Éléments ; ce sont les maladies aiguës ; le genre des Complexions ; ce sont les maladies naturelles ; le genre des Humeurs ; ce sont les maladies éruptives (*tingentes*). Et comme ces quatre genres de maladies existent, vous devez donc apprendre à disposer ainsi les maladies de l'Entité naturelle.

PARTICULE SECONDE

Par quel nom doit-on désigner tous les genres dans leurs espèces, ceci nous ne l'expliquerons pas en cette Parenthèse, mais nous le déterminerons tout à fait dans le livre de l'origine des maladies. Et ainsi, comme nous vous avons décrit l'Entité naturelle en onze chapitres distincts, de même il faut que vous sachiez que le corps n'est attaqué par la violence de celle-ci, que si les autres ENTITÉS, non seulement ne l'empêchent pas, mais y consentent volontiers. Si vous désirez un fondement plus solide de ceci, vous trouverez dans la Pratique plusieurs choses concernant le traitement de plusieurs maladies ; ce qui manque en quelques endroits sera facilement rétabli par vous [60].

---

60   Dans l'édition allemande de Strasbourg, 1575, donnée par Toxites, le présent traité n'a que 9 chapitres, suivi de deux particules, qui ne sont autres que le chapitre x divisé en deux parties. Le chapitre xi et les deux particules n'ont été données pour la première fois que par Huser, éd. de Bâle, 1589.

TEXTE DE LA PARENTHÈSE SUR LA QUATRIÈME ENTITÉ LIVRE QUATRIÈME & PAYEN (*PAGOYUM*) DE L'ENTITÉ SPIRITUELLE (*DE ENTE SPIRITUALI*)

Traité de l'Entité Spirituelle

Chapitre premier

VOULANT définir l'ENTITÉ spirituelle, nous dirons qu'elle est une puissance parfaite destinée à maltraiter le corps tout entier (*ad corpus universum violandum*, zu frencfen den gantzen Leib), et à le jeter dans toutes sortes de maladies. Et quoiqu'on puisse apporter contre ceci beaucoup d'objections et d'insultes, nous tournons le dos cependant à toutes ces choses. Car elles ne doivent pas beaucoup nous émouvoir ; ces objections se dissolvent elles-mêmes et s'anéantissent promptement. Il faut que ces arguments soient solides ; or, ceux qu'on nous oppose ne paraissent pas l'être. Devant vous expliquer ce qu'est l'ENTITÉ spirituelle, nous vous exhortons à rejeter le style que vous appelez *Théologique*, et à vous en défaire. Et puisque tout n'est pas saint dans ce qui est appelé Théologie, et que tout n'est pas pieux dans ce dont elle se sert, de même tout n'est pas également vrai dans ce que tire, de la Théologie, celui qui ne la comprend pas. Et bien qu'il soit manifeste que les Théologiens ont décrit cette ENTITÉ plus soigneusement que les autres, ce n'est pas sous le nom et le texte de notre quatrième livre païen. Ajoutez qu'eux-mêmes nient ce que nous démontrons. Cependant, où les nerfs et la moëlle feront défaut, ce n'est pas avec ces paroles que nous combattrons. Car le bavardage provient d'une bouche ignorante (*ex nuda bucca,* auff dem Maul[61]). S'il avait Dieu pour auteur, nous épargnerions la perte de notre papier et nous nous rallierions à leurs écrits.

Cependant, il est un point que nous pouvons comprendre les uns et les autres. La cognition de cette ENTITÉ ne provient nullement de la foi chrétienne. Car pour nous elle est païenne. Mais elle n'est pas, cependant, contre la foi dans laquelle nous expirons, nous autres Chrétiens. Sachez donc ici, vous-mêmes, qu'en aucune manière vous ne devez comprendre une ENTITÉ quelconque parmi les esprits, comme si vous disiez que tous les mauvais Démons (*Cacodœmones,* Leufel) en sont une. Car vous parlez alors sans raison ; et votre discours, que le diable lui-même vous inspire, est totalement vain. Remarquez

---

61   Littéralement : d'un museau.

que, dans cette ENTITÉ spirituelle, ne se trouvent ni le diable ni aucun de ses ouvrages (*effectus*), ni aucune de ses conspirations. Car le diable n'est pas un esprit. Ni l'ange n'est un esprit non plus. Car l'esprit est ce qui est engendré par nos cogitations, sans matière, dans le corps vivant. Ce qui naît de notre mort, c'est l'âme. (*Quod ab obitu nostro nascitur id anima est,* das nach unferm Lodt geboren mirdt, das ift die Seel).

CHAPITRE II

Vous ayant donc donné le conseil, dans le premier chapitre, de laisser de côté les songeries incertaines et les opinions méprisables des théologiens susdits, nous vous enseignerons, dans le second, comment vous devez comprendre l'esprit. Nous ne ferons ici aucune mention des anges ni des démons, puisque ceux-ci appartiennent à la Philosophie, que notre ENTITÉ n'a pas à décrire ici, puisque celle-ci sera la mère ipsissime de la médecine, touchant ce dont nous parlerons ici. Voici donc ce qu'on doit connaître, tout d'abord, de l'esprit que comprend notre ENTITÉ. Nous vous exposons donc que cet esprit suscite toutes les maladies non moins que les autres ENTITÉS, sans aucun empêchement. Rappelez-vous, au sujet de celles-ci, qu'il y a deux sortes de sujets des maladies, dans lesquels les maladies s'introduisent et laissent des traces profondes. L'un de ces sujets est la matière, c'est-à-dire le corps. Dans celui-ci, toutes les maladies gisent; elles habitent toutes en lui, selon que les autres ENTITÉS agissent en lui-même. L'autre sujet n'est pas la matière, mais l'esprit du corps. Celui-ci est impalpable dans le corps, et invisible. Celui-ci peut, par lui-même, souffrir, supporter et tolérer toutes les maladies comme le corps lui-même. Et c'est pourquoi il est appelé ENTITÉ spirituelle, *Ens spirituale*, de ce que le corps n'a rien de commun avec lui. D'où vous voyez de nouveau que les trois ENTITÉS déjà décrites appartiennent au corps; les deux suivantes, savoir l'ENTITÉ spirituelle et l'ENTITÉ divine (*Deale*) se rapportent à l'esprit. Et songez, afin que ceci ne s'échappe pas de votre mémoire, que là où l'esprit souffre, le corps souffre aussi. De même il se montre dans le corps, et cependant il n'existe pas dans le corps. Recevez l'explication de cette chose. Il y a deux sortes de maladies dans l'Univers : les maladies matérielles et les maladies spirituelles. Les maladies matérielles sont celles qui sont teintes (tinguntur, tingirt merden) matériellement. Ce sont les trois premières ENTITÉS. Les maladies spirituelles sont celles qui ne sont pas teintes matériellement comme les spirituelles et les divines.

Nous continuerons donc à parler ici des maladies spirituelles et nous en donnerons les raisons d'être.

CHAPITRE III

PUISQUE nous avons établi qu'il y a deux sujets, affermissons donc ceci par la base suivante. Il est reconnu de vous que l'esprit existe dans le corps. Représentez-vous maintenant à quoi il y est utile et quelle est sa fonction. Il s'y trouve à seule fin de conserver le corps, non autrement que l'air protège les créatures contre la suffocation. Entendez ceci également de l'esprit. Cet esprit, dans le corps, est substantiel, visible, tangible et sensible pour les autres esprits. Ceux-ci, dans leur rapprochement mutuel, sont parents comme les corps le sont entre eux, de cette façon. Moi, j'ai un esprit, tel autre homme a le sien; ils se connaissent entre eux exactement comme nous nous connaissons, lui et moi; ils se servent, entre eux, d'un même idiome, comme nous, sans être liés néanmoins par nos discours, mais ils parlent entre eux comme il leur plaît. De ceci comprenez qu'il peut se faire que ces deux esprits entretiennent entre eux des inimitiés et des haines, et que l'un blesse l'autre, de même que l'homme attaque l'homme. Une telle lésion provient alors de l'esprit, puisque l'esprit existe dans le corps. Donc le corps souffre déjà et devient malade, non matériellement par l'ENTITÉ matérielle, mais par l'esprit. Ici donc la médecine spirituelle est requise. De même deux personnes se recherchent d'un amour ardent et insolite. La cause de cette affection ne réside pas dans le corps lui-même et ne naît pas non plus du corps, mais elle provient des esprits des deux corps qui sont unis par un lien mutuel. Ces esprits jumeaux peuvent aussi être embrasés par une haine réciproque, et demeurer dans ce dissentiment. Remarquez, afin que vous compreniez ceci plus parfaitement, que les esprits ne sont pas engendrés par la raison, mais par volonté seule. Donc distinguez ainsi la volonté, de la raison. Tout ce qui vit selon sa volonté, vit dans esprit. Tout ce qui vit selon sa raison, vit contre esprit. Et de même que la raison n'engendre aucun esprit, seule l'âme (*mens*, Seel[62]) est engendrée par

---

62   Nous éprouvons toujours une difficulté considérable à exprimer la valeur des termes : *anima, mens, spiritus*, etc., qui provient de la pauvreté du vocabulaire psychologique des langues modernes. Ceci nous impose une note. Les anciens connaissaient une anatomie parfaite des principes supérieurs et invisibles de l'homme, qui se traduit par la terminologie exacte et variée qu'ils nous ont laissée, et qui leur servait à désigner ces principes. Les Latins plaçaient, en regard d'un seul élément matériel, le *Corpus*, six éléments invisibles : *Animus, Anima, Mens, Spiritus, Intellectus* et *Ratio*. De ce bel ensemble ontologique, la

barbarie franke et saxonne, qui a formé nos langues, ne retint que ce précepte de théologie grossier et puéril qui attribue à l'homme deux principes l'un matériel l'autre immatériel; et nous avons été bercés, dès l'enfance, avec cette théorie facile et incomplète: « l'homme possède un corps et une âme », vérité que l'on croit lumineuse, tandis qu'elle n'est qu'un écho, très affaibli, de ce qu'enseigna l'antiquité et saint Paul lui-même (*Ep.* I, *Thessalonicenses*, cap. v, 23). Nous employons indifféremment le mot âme, pour désigner des principes très différents, et le mot esprit, pour désigner le Saint *Esprit*, l'*esprit* d'un auteur, l'*esprit* de la conversation, l'*esprit* de vin, de sel ou de Saturne. Les Saxons disent: *Ghost* ou *Geist*, dans la première de ces acceptions, *Soul* ou *Seele*, dans le sens d'âme; *Mind* ou *Kopf*, pour signifier l'entendement; l'esprit d'un auteur se dit *Sense* ou *Sinn*; puis *Wit* et *Witz*, désignent les saillies de l'esprit; enfin *Spirit* désigne les produits de la distillation. Ceci est mieux, mais ces différentes acceptions ne sont pas caractérisées aussi bien que chez les anciens. Suivant les auteurs de la meilleure latinité, Animus serait un principe ayant son siège dans le *coeur*, le plexus solaire et enfantant en l'homme le *courage*, l'héroïsme et les grandes actions; c'est la καφδια des Grecs, ou *Lebab* des Hébreux. Le terme Anima s'appliquait à la portion du fluide vital universel que chaque homme recèle en lui, au circulus de la vie, mystère inconnu des barbares, et que nos langues ne peuvent désigner par aucun terme; c'est la ψυχη des Grecs, le *Nephesh* des Hébreux. On voit qu'aucun de ces deux termes ne correspond à notre mot âme, qui signifie la totalité des facultés immatérielles, et dont il faudrait peut-être aller chercher l'équivalent dans l'εντελεχεια des Grecs; et l'on peut remarquer à ce sujet que les railleries prodiguées aux anciens au sujet de ce qu'ils appelaient *Âme du Monde*, sont bien peu motivées; ils n'ont jamais dit *Intellectus* ni *Mens Mundi*, mais *Anima mundi*, et ne lui ont pas donné une âme pensante, mais un coefficient de vitalité. MENS est le principe qui correspond, quoique imparfaitement, à l'*âme* de la théologie catholique. C'est la partie méritante de l'être, dans laquelle s'opère le discernement du bien et du mal; mais elle est, en quelque sorte, impassible, et se dirige seulement d'après *Ratio* et *Intellectus*. Le principe

Mens ne peut percevoir la lumière directement que par l'intuition et la contemplation, mais non par l'étude. Il n'est pas lié nécessairement à un corps ; et il est remarquable que lorsque les hiérologues prêtent une âme à Dieu, ils disent toujours : *Mens divina* et non *Anima Divina* et encore moins *Animus Divinus*. Les Grecs nommaient assez rarement ce principe μενος, θυμος, ou διάνοια ; plus souvent, ils le confondaient à tort avec ψυχη et καφδια. Les Hébreux l'appelaient *Neshamah*. Nous sommes trop facilement porté à le confondre avec l'entendement, à cause de ses dérivés modernes : mental, mentalité. Or, ce n'est que la partie inconsciente de l'entendement ; et nous avons tous l'intuition de cette différence lorsque nous disons que : « tel homme n'est pas intelligent », tandis que nous spécifions l'homme « une créature intelligente », contradiction qui n'est produite que par l'imperfection de la langue. Spiritus est le souffle, ὠνευμα, en hébreu *Rouah* ; c'est le corps astral des hermétistes, le lien qui maintient en équilibre tous les autres principes. INTELLECTUS est ce que nous appelons *entendement* ; c'est le νοὺς des Grecs. Les Hébreux avaient plusieurs termes pour désigner ce principe, tels que *Ahetsah*, qui correspondrait mieux à la βουλη des Grecs, *Zimmah*, et surtout *Binah* ; ce dernier terme s'appliquait même à la Divinité. Enfin RATIO, qui est la plus belle faculté de l'être pensant ; non point ce que les modernes appellent *raison*, et qui consiste à proférer des négations et rire des légendes ; mais un principe illuminateur de l'entendement, qui recherche la vérité et perçoit la subtilité des concepts. C'est le λογος des Grecs, appelé en Hébreu *Hhaschbôn*. Les doctrines Talmudique et Zoharienne connaissent, il est vrai, d'autres principes immatériels de l'homme ; les juifs en comptèrent 12, puis 72, tels les diverses sortes de Zelem, ou ombres astrales, la *Hhaiiah*, vie supérieure ; puis *Iehhidah*, l'Unité contemplative ; plusieurs ces principes n'entraient en fonction que dans la stase anagogique ; d'autres, tels que le *Hebel Garmim*, ou souffle des Ossements ne se manifestaient qu'après la mort. Mais il n'est pas de notre sujet de les énumérer. Nous voulons faire seulement remarquer combien il est impossible d'exprimer tant de notions diverses avec nos simples et vulgaires mots ; âme et esprit.

la raison. De la volonté naît cet esprit dont nous traitons dans la présente ENTITÉ; quant à l'âme, nous en parlerons en son lieu.

CHAPITRE IV

AU sujet de la nativité des esprits, remarquez ceci: Il est certain qu'il n'y a aucun esprit dans les enfants. Car la volonté parfaite n'est pas en eux. Sachez donc ceci: Ceux qui possèdent la volonté parfaite et agissent d'après elle (*ex ea*), ceux-ci engendrent en eux-mêmes un esprit substantiel, et, de plus, factice (gemacht.) Celui-ci n'est pas conféré ni envoyé à l'homme par le ciel; mais il se le forme (*fabricat*, macht) lui-même. De même que le feu est engendré du silex, de même cet esprit est également engendré par la Volonté. Et tel est l'état de la volonté, tel est celui de l'esprit. Tenez donc pour certain que tous ceux qui vivent dans la volonté possèdent cet esprit dont nous parlons dans la présente ENTITÉ, et qui est comme un certain sujet dans lequel toutes les maladies sont imprimées, savoir ces maladies mêmes qui doivent être supportées par celui qui a engendré cet esprit. Connaissant donc la nativité des esprits, sachez maintenant qu'il y a deux mondes tout à fait substantiels. L'un est le monde des êtres corporels; l'autre le monde des êtres spirituels. Or, les corps et les esprits sont unis. Car les esprits sont engendrés du corps par la volonté. Néanmoins les esprits habitent, ainsi que nous, un certain monde qui leur est particulier, dans lequel ils résident perpétuellement, et permanent substantiellement, comme nous sur la terre, et entretiennent et nourrissent entre eux l'envie, les haines, les discordes et autres choses semblables sans le consentement des corps. Or, comprenez donc, pour notre thèse, qu'il nous faut permettre aux hommes de vivre mutuellement à leur gré, et le permettre de même aux esprits. Car si les corps se blessent mutuellement, les esprits, néanmoins, ne se causent pour cela aucun dommage. De même, si ce sont les esprits qui se blessent réciproquement, ce qui, à bon droit, leur est permis, le corps n'en est pas affecté matériellement, comme si ceci eût eu lieu à cause de nous, ce qui n'est pas. Mais cependant si les esprits se blessent mutuellement, alors le corps de l'esprit blessé est contraint de supporter l'injure que son esprit a reçue.

CHAPITRE V

I L a déjà été dit que les esprits infligent des maladies aux corps. Il faut comprendre comment ceci a lieu. Nous allons vous montrer les deux voies par lesquelles s'accomplit cette action. L'une, de laquelle nous avons déjà parlé, est celle-ci : savoir, quand les esprits se blessent mutuellement entre eux, contre la volonté et le consentement des hommes, excités par l'envie seule ou par les aiguillons des autres affections mauvaises. Comme nous avons, d'ailleurs, fait mention de ceci plus haut, où nous avons traité des Esprits, il n'est donc, pas besoin de le répéter le ici. Cependant cette connaissance est nécessaire au médecin, afin qu'il comprenne parfaitement la chose. Nous vous exposerons maintenant l'autre voie par laquelle les esprits nous infligent des maladies. Posons d'abord ce principe, savoir que, par nos cogitations, par les sens et la volonté s'accordant parfaitement ensemble, la volonté parfaite peut être affermie (*confirmari*, befchloffen) en nous à tel point que nous consentions, désirions et cherchions à infliger une peine ou un dommage au corps d'un autre individu. Cette volonté arrêtée et ferme est la *Mère* qui engendre l'esprit. Recevez donc cette doctrine : La chose pensée (*sententia*, Meinung) produit la parole ; ainsi la chose pensée est la mère du discours. Ainsi, où il n'y a pas chose pensée, il n'y a ni discours, ni parole. La même chose a lieu au sujet de l'esprit. La même voie par laquelle s'engendre la parole est par laquelle s'engendre également l'esprit, qui possède son habitation selon que notre volonté est pleine et parfaite.

CHAPITRE VI

MAIS il importe d'examiner plus attentivement, au sujet de ces esprits, comment ils nous portent préjudice, ce qui a lieu ainsi : Si je m'applique à nuire à autrui de toute ma volonté (*plena voluntate*, eins dollfomnen millens) cette volonté, en moi, est une certaine création en esprit, de telle sorte que mon esprit, à cause de ma volonté, lutte (*satagat*, handlet.) contre l'esprit de celui que je désire blesser, et non contre son corps ; mais contre son esprit seulement, que je blesse, en effet. Cet esprit souffre et est attaqué dans le corps ; et dans le corps il ressent une peine (*damnum*, mirdts empfunden) ; et ceci n'est ni hors du corps, ni dans le corps matériellement ; mais c'est l'esprit qui accomplit tout ceci. Mais, pendant ce temps, intervient entre ces deux esprits une lutte acharnée ; celui qui vainc reste maître de la situation. Si c'est mon adversaire qui succombe, la cause en est qu'il n'a pas apporté, comme moi, la même ardeur d'âme et la même véhémence. Que si, au contraire, par un embrasement de l'esprit, il eût été plus ardent contre moi, je serais tombé et il eût vaincu. D'après ce principe de la lutte établie des esprits, vous devez comprendre que, par ces combats, des plaies et autres maladies semblables, non corporelles, sont engendrées. Cependant des maux corporels sont ainsi engendrés par les esprits, de telle sorte qu'ils commencent des maladies survenant corporellement, suivant leur substance, et qui se continuent et se terminent dans le corps, comme on le verra au livre *De l'origine des maladies.*

CHAPITRE *VII*

POUR une plus parfaite compréhension de ceci, recevez quelques exemples par lesquels, ce en quoi nous vous satisferons, nous déterminerons ce qu'est cette ENTITÉ spirituelle. Voici le premier. Il est reconnu de vous que si les images formées en cire, par la volonté de l'esprit contre autrui, sont enfouies en terre et surchargées de pierres, alors l'homme, pour le mal duquel l'image a été faite, est affligé de beaucoup d'anxiété dans l'endroit même où les pierres ont été accumulées; et il n'en peut être délivré que si l'image est délivrée et est sortie de terre. Celui qui était ainsi anxieux se trouve alors libéré. Mais notez ensuite que si la jambe de cette image est brisée, alors cette fracture atteint l'homme lui-même. Ceci est également vrai pour les piqûres, blessures et autres choses semblables. En voici la raison. Vous connaissez ce qu'est la Nigromantie, de laquelle toutes ces choses tirent leur origine et leur force. Car la Nigromantie peut former des figures ou des images comme si elles existaient, quoiqu'en réalité elles n'existent pas. Mais elle ne peut nullement blesser le corps, moins que l'esprit d'un autre homme ne soit blessé par cet esprit. Ainsi le Nigromancien forme un arbre et le plante en terre. Quiconque le frappe ou le blesse, se blesse soi-même. La cause de ceci est que l'esprit de cette personne est blessé par l'esprit supérieur de l'arbre. Cet esprit a, comme toi, des pieds et des mains; et s'il est abattu, il t'abat. Car toi et ton esprit vous n'êtes qu'une seule et même chose. Mais comprends bien ceci: ce n'est pas ton corps qui a reçu cette blessure, bien que celle-ci soit apparente et palpable sur ce corps lui-même; c'est ton esprit qui en est cause, qui possède tes membres et ton corps. D'où vous devez prendre garde de ne pas donner de remèdes au corps, car ce serait en pure perte. Composez le médicament de l'esprit, et alors le corps deviendra sain également. Car c'est l'esprit qui est blessé et non le corps.

CHAPITRE VIII

ONSIDÉREZ ceci au sujet des images de cire[63]. Si, dans ma volonté, je suis embrasé de haine contre quelqu'un, alors, il est nécessaire que celle-ci soit accomplie par un intermédiaire qui est le corps. Mais il est possible aussi que mon esprit, sans l'auxiliaire du corps, en perfore un autre de mon glaive ou le blesse, et ceci par l'effet de mon ardent désir. Ainsi il peut se faire que, par ma volonté, j'enferme de force (*compellam*, bring) l'esprit de mon adversaire dans une image, et que je le reproduise en cire, à mon gré, ou distors ou contrefait. Et bien que beaucoup d'autres causes aussi puissent être alléguées ici, cependant la nécessité n'exige pas d'y avoir recours dans l'ENTITÉ; car la philosophie démon-

---

63   Paracelse expose ici la théorie de l'envoûtement.

tre toutes ces choses le plus clairement. Vous devez savoir et retenir que l'opération de la volonté est d'une grande importance en médecine. Car celui qui, en lui-même, ne veut pas le bien, mais s'attache à la haine, peut faire qu'il lui advienne, en lui-même, ce qu'il a souhaité de mauvais (*imprecatur*, flucht). Car la malédiction existe par la permission de l'esprit. Et il peut advenir que, par ce moyen, les images soient converties maléfiquement en maladies (derflucht merden in francf=eiten) comme en fièvres, épilepsies, apoplexies et autres semblables, si ces images ont été préparées le la manière susdite. Ne plaisantez pas avec ceci, ô médecins! Car il faut que vous connaissiez la force de la volonté, sans en excepter la plus minime partie. La volonté est génitrice des esprits de ce genre, avec lesquels l'esprit raisonnable (*rationalis*, dernünfftig) n'a rien de commun [64]. Ce genre d'opération a lieu beaucoup plus facilement encore dans les bestiaux que dans les hommes. Car l'esprit de l'homme vaut [65] beaucoup plus que l'esprit des bêtes. Vous trouverez tout ceci beaucoup plus clairement exposé au livre des *Esprits et de la Génération des Esprits*.

---

64   C'est-à-dire la partie immatérielle de l'individu, mens, qui est, engendrée avec lui.

65   *Der weret sich*: le latin a traduit: *remittitur et resistit multo potentius*.

CHAPITRE IX

D E même, au sujet des Caractères [66], tenez pour certain que le voleur est contraint de revenir au lieu d'où il s'est enfui, parce qu'il est frappé de coups (*cœdatur*, gefchlagen) de la même manière, même s'il est éloigné de plusieurs milles [67]. Notez la cause de ceci, qui est le fondement de l'ENTITÉ spirituelle. Si quelqu'un façonne une figure semblable à l'homme (que l'on veut blesser) et la peint sur un mur, il est certain que toutes les piqûres, plaies et blessures faites à l'image, sont infligées à celui-là même au nom duquel l'effigie a été peinte, comme on le fait pour le larron ci-dessus ; et c'est par cette puissance que l'esprit du voleur est attiré dans cette figure, par la volonté de l'esprit de celui qui l'a contraint (*compegit*, *nöttiget*) dans cette image. D'où vous devez tenir pour certain que ces esprits combattent entre eux de la même manière que les hommes. C'est pour cette raison que tout ce que tu exiges que supporte celui qui t'a pris ton bien par un vol, lui sera infligé par le fait même, si tu le projettes dans l'effigie formée, et

---

66 *Characteres*, pantacles.

67 Une phrase explicative est omise dans le texte, qui doit indiquer qu'on frappe le larron en effigie pour le contraindre à revenir.

ceci parce que ton esprit contraint l'esprit du voleur, dans cette effigie, de telle sorte qu'il devient alors pour toi un sujet (*subjectum*) qui doit supporter et souffrir tout ce que tu lui infliges. Mais néanmoins, tout ceci ne peut être produit sur les autres hommes qui sont bons et probes, parce que l'esprit du voleur est agité et troublé par la peur (*trepidus,* forchtfam) comme cet homme lui-même; tandis que l'esprit de l'homme honnête, au contraire, se défend et se protège avec virilité, comme lorsque deux hommes combattent ensemble. Que si le voleur est contraint de revenir au lieu de son vol, ceci advient parce que son esprit ramène l'esprit de l'autre à ce même lieu où le vol a été commis et ceci par ta volonté. Et si cet esprit est vaincu, il ne peut néanmoins revenir à cet endroit que contraint dans un sujet, c'est-à-dire dans une image ou effigie. Celle-ci n'étant pas présente, alors l'opération se poursuit dans le *médium* dans lequel cet esprit se trouve. Ainsi l'esprit contraint l'homme de revenir à cet endroit. Car il est nécessaire que tout ce qui s'accomplit par l'esprit soit fait sous l'espèce du sujet dans lequel l'esprit réside (*versetur,* ligt), que ce soit une figure ou une effigie, afin que ton esprit enferme (*compellat,* bring) l'esprit d'un autre dans ce sujet; et alors ce sujet dans lequel l'esprit se trouve, c'est-à-dire l'homme lui-même, est forcé d'accourir et d'exécuter ceci.

CHAPITRE X

DE tout ce que nous avons rapporté, vous devez remarquer que les esprits dominent (gemel=tigen) les criminels, et qu'ils accomplissent de même les opérations d'envie et de haine. C'est donc pourquoi nous avons voulu vous indiquer ceci, afin que vous compreniez combien violemment et impérieusement l'*ENTITÉ spirituelle* domine dans les corps, de telle sorte que, par cette puissance, quantité de maladies, avec toutes les variétés de celles-ci, peuvent pénétrer en l'homme. Donc dans ce cas, vous n'administrerez pas les remèdes exigés par les maladies naturelles ; mais c'est l'esprit que vous traiterez. Car c'est lui qui est malade. Ensuite, et notez bien ceci, beaucoup souffrent des esprits par volonté, et qui, cependant n'ont pas été maltraités par ces figures, images ou autres *moyens* (*media*) analogues, comme le sont ceux qui ignorent ces procédés. Et cependant la volonté est, en eux, tellement puissante, qu'elle embrase et blesse l'esprit de l'autre. Ceci a lieu par le *moyen* (*medium*) de leur *sommeil*, de la manière suivante. S'ils dorment, alors leurs songes sont achevés et complétés dans les autres, de telle sorte que ton esprit attire (*adducat*) à toi, en dormant, l'esprit d'un autre que tu blesses, toi dormant et inconscient comme en un songe ; et ceci a lieu par le *moyen* de ton verbe, qui est proféré en dormant sans que tu en aies conscience. Car les songes des hommes envieux s'accomplissent s'ils se rencontrent l'un l'autre opérativement, soit par l'action manuelle (mit der hand) soit par la parole, comme nous l'expliquerons plus clairement en parlant des *Songes.* Car il n'est pas de songe qui ne provienne de l'esprit et qui ne produise l'effet que j'ai indiqué. Car il naît de l'esprit lui-même, ce dont nous nous souvenons.

PARTICULE PREMIÈRE

AINSI vous devez comprendre que la main blesse l'homme même sans le saisir, comme on l'a dit plus haut. De même la bouche apporte, par la parole, ce que tu recherches. Que tout ceci soit donc bien compris, savoir que tout s'accomplit par un certain intermédiaire, c'est-à-dire par la puissance de l'esprit.

PARTICULE SECONDE

DE même, notez que la foi n'agit (*operari*, han=delt) point ici, mais la seule volonté. Apporter ou introduire ici quelque chose de la foi, ç'eût été plus voisin de la sottise (*stultitia*, mehr närrifch) que de la sapience. En voici un exemple. Par la foi ou la crédulité, deux hommes ne peuvent se tuer l'un l'autre, mais seulement par l'action (*opus*, Lha:). De même deux esprits de volonté naissent, non pas de la crédulité, mais de l'incandescence de leurs forces. Tous les deux combattent, en vérité, sans crédulité aucune, mais par leur acte seul, et en dépensant leurs forces, comme nous l'indiquent beaucoup de choses dans les livres de *la Foi et la Volonté*, et aussi des Pythonisses et des incantations.

TEXTE DE LA PARENTHÈSE SUR LA CINQUIÈME ENTITÉ LIVRE CINQUIÈME ET NON PAYEN (*NON PAGOYUM*) DE L'ENTITÉ DE DIEU (*DE ENTE DEI*)

Traité de l'Entité de Dieu

Chapitre premier

APRÈS que, dans ce qui précède (comme nous l'avons indiqué au commencement de nos livres), nous avons décidé d'écrire, en une certaine partie de nos ouvrages, quatre livres suivant le style et la manière ethnique (païenne), pour cette raison que, dès qu'un homme chrétien écrit quelque chose autrement que pour la solidité (*pro tenore*, halt) de notre foi, il écrit païennement (*gentiliter*) ; maintenant donc, dans cette Parenthèse, nous laisserons la manière et le style païens, et nous userons, pour tout ce que nous avons à dire, du style chrétien, en écrivant ce cinquième livre de l'Entité de Dieu, afin qu'on n'ait aucun droit de nous accuser de paganisme (*gentilismum*). Et bien qu'à cette Parenthèse achevée et distincte (*absoluta*), nous devions joindre les cinq livres des Pratiques, afin que ce livre soit fini et parachevé, cependant je veux que vous soyez avertis que nous terminerons en style chrétien ce cinquième livre, et nous écrirons ensuite les quatre suivants, que nous avons annoncés au commencement, à la manière païenne. Ceci nous sera facilement permis, et sans aucun outrage pour la confession chrétienne[68], parce que l'usage païen (*ritus Ethnicus*) procède d'elle et pour elle[69], comme cela a été d'ailleurs prédestiné par Dieu. Et bien que les maladies elles-mêmes naissent aussi de la nature selon les quatre ENTITÉS susdites; cependant, il sera bon de rechercher nos guérisons de celles-ci par la foi, et non de les attendre de la nature. C'est ce que ce cinquième livre de la pratique vous enseignera parfaitement. C'est pourquoi nous ne craindrons pas d'énumérer les quatre ENTITÉS, bien qu'elles soient païennes. Vous devez cependant tirer le fondement vrai et intégral de la curation, du cinquième livre dans lequel la médecine naturelle (*genuina*, die recht Artznen) est exposée. Quant aux autres livres de la pratique, nous les composons, non pour les chrétiens, mais pour les païens. Car nous nous empressons de propager parmi tous les hommes les fondements de la médecine. Nous donnons aux Turcs la partie qui leur

---

68   L'allemand dit: pour notre foi.
69   L'allemand dit au contraire: *nach der Natur.*

convient ; une autre aux Sarrasins ; aux Chrétiens la leur ; aux juifs également, comme le manifesteront ces livres.

CHAPITRE II

EN parlant de tout ceci aux hommes chrétiens, nous voulons qu'ils soient avertis, afin qu'ils considèrent attentivement cette cinquième Parenthèse, de laquelle ils apprendront comment toutes les maladies doivent être, tant recherchées que guéries, d'après ce point de direction. C'est-à-dire de cette manière. Il est connu de vous que c'est de Dieu, et non des hommes, que nous sont envoyées la santé comme les maladies. Or, vous devez disposer celles-ci en deux catégories, savoir celle de la nature, et celle du châtiment (*flagellum*). Les maladies provenant de la nature sont comprises dans les ENTITÉS première, deuxième, troisième et quatrième. Les maladies provenant du châtiment sont dans la cinquième. Au sujet de cette dernière, il faut remarquer que Dieu a mis en nous (*præfixisse*, gefetzt hat) une peine, un exemple et une conscience dans les maladies, afin que, par celles-ci, nous comprenions que toutes les choses qui nous appartiennent ne sont rien, et qu'en nulle science nous n'avons de fondement solide, ni ne connaissons la vérité. Au contraire, notre faiblesse se manifeste partout, et il nous est impossible d'ignorer ce qui est de nous. Or, pour en venir à ce qui nous occupe, il faut savoir que Dieu donne, et la santé et les maladies, et qu'il montre en même temps les remèdes qui doivent être appliqués à celles-ci. Quant à savoir comment toutes ces choses peuvent être connues en médecine, croyez-moi, toutes ces choses ont été constituées et prédestinées sur un point de notre explication ; et ce point c'est le temps. De ceci, remarquez qu'il est nécessaire que toutes les maladies soient guéries à l'heure propice du temps *(temporis commoda hora,* in der ftundt der zeit) et non à notre jugement et notre guise. Que ce soit donc résumé dans le principe suivant : que nul médecin ne peut connaître terme de la santé. Car celui-ci est dans la main de Dieu. Et toute maladie est un purgatoire[70]. C'est pourquoi aucun médecin ne peut guérir si Dieu ne fait grâce *(remittat)* de ce purgatoire. Le médecin doit donc être celui qui opère et travaille dans la (conformément à la) prédestination de ce purgatoire.

---

70   *Morbus quilibel purgatorium est,* toute maladie est un procédé de purification *(ein Fegfewr).*

CHAPITRE III

Nous avons dit que toute maladie est un purgatoire. Que tout médecin prenne donc soigneusement garde, et qu'il ne présume pas témérairement être instruit de l'heure de la santé ou de son effet médical. Car tout ceci est placé dans la main de Dieu. Si la prédestination n'est pas telle que vous la connaissiez d'avance, ô médecins, alors vous ne guérirez le malade par aucune médecine. Si, au contraire, l'heure de la prédestination est proche, vous rendrez les malades à la santé. Remarquez ceci : Si quelque malade vous est apporté, s'il guérit par votre médication, c'est que Dieu vous l'a confié ; sinon il ne vous a pas été envoyé par Dieu. Car si le temps de l'heure de rédemption est proche, alors seulement Dieu confie le malade au médecin, et jamais avant ce temps. Et tout ce qui advient auparavant n'a pas ceci pour principe. Donc les médecins inhabiles (*imperiti*) sont les démons du purgatoire, envoyés par Dieu aux malades. Le médecin éclairé est celui des malades pour lesquels Dieu a avancé l'heure de la santé. Donc il faut vous bien pénétrer de ceci : que la prédestination ne peut pas être écartée même si le médecin est très habile et très célèbre (*generosissimus*[71]). Il importe donc de rechercher quelle heure est la fin de ce purgatoire. Et celui à qui le médecin de santé et de bonheur n'a pas été envoyé par Dieu, celui-là, la santé ne lui a pas été donnée par Dieu. Lors donc que Dieu envoie, de cette manière, le médecin au malade, examinez bien en vous si le médecin, grâce à son art, produit quelque chose ou non. Pensez donc ainsi : Dieu a créé, et les médecines pour les maladies, et, outre celles-ci, le médecin lui-même : mais il retarde ceux-ci au malade aussi longtemps qu'il est nécessaire, jusqu'à ce que l'heure déterminée du temps soit proche. Et alors le cours, tant de la nature que de l'art, s'accomplit. Avant ceci, nullement, à moins que le temps ne s'approche.

Chapitre *IV*

Il faudrait donc penser et vous souvenir, ô Chrétiens, que vous vous déclarez constitués au-dessus de la nature et antérieurement à elle (*super et supra*, ober und auff) ; la puissance de l'art se retire de vous (bien que

---

71   *Gut und Künstlich,* dit l'allemand.

vous avanciez parfois dans la droite voie), lorsque l'heure du temps s'approche. Et vraiment l'heure du temps est l'heure de votre opération, pas avant, même si l'heure de l'art était proche. Puisque nous vous certifions que Dieu est la cause de toutes les maladies, admettez donc qu'il a créé également ce qui nous est contraire, ainsi que ce qui nous est utile et commode; et c'est pourquoi nous avons notre purgatoire, comme nous vous en informerons plus amplement en traitant du *Purgatoire*. Et bien que lui, qui nous a créé les maladies, pourrait facilement nous les enlever sans aucune médecine, si l'heure du temps s'avançait et que la fin du purgatoire fût proche, néanmoins pourquoi ne l'a-t-il pas fait? La cause en est que, sans hommes, il ne voudrait faire aucune des œuvres relatives à ceux-ci. Car lorsqu'il produit des miracles, c'est humainement et par les hommes qu'il les produit. Et s'il guérit miraculeusement, c'est par les hommes qu'il accomplit ceci. C'est donc par les médecins également qu'il opère ce dont nous parlons ici. Mais comme il y a deux sortes de médecins: ceux qui guérissent miraculeusement et ceux qui guérissent par les remèdes, distinguez donc ceci. Celui qui croit, opère par miracle. Mais puisque la crédulité n'est pas tellement forte en tous, et que l'heure du purgatoire est déjà passée sans que la foi soit encore venue, alors le médecin accomplit le miracle que Dieu eût produit merveilleusement[72] si la croyance eût été intense (*vigeret*) dans le malade, comme nous l'exposerons clairement au cinquième livre, de la cure divine ou des fidèles (*de curâ Deifica vel fidelium*). Mais afin que cette question ne reste pas pendante, nous allons vous en faire comprendre plus parfaitement la cause dans l'explication suivante, à laquelle veuillez prêter toute votre attention.

CHAPITRE V

Vous devez savoir qu'au temps d'Hippocrate, de Rhasis, de Galien, etc., des cures extrêmement heureuses et parfaites ont eu lieu. La cause en est que les purgatoires, en ces siècles, étaient fort minimes. Mais depuis et ensuite, comme les maux augmentèrent en proportion considérable, et chaque jour de plus en plus, les guérisons furent rendues inefficaces. Et c'est pour cette raison qu'elles n'ont jamais été aussi mauvaises qu'aujourd'hui dans le monde médical. Car le purgatoire est trop violent pour être calmé (*sopiri*,

---

72   C'est-à-dire surnaturellement, comme un prodige, *wunderbarlich*.

demmen mag) par aucun médecin. De sorte que, si les médecins d'autrefois sortaient de la tombe pour revenir parmi nous, tout leur art serait vraiment aveugle et nul. Ceci est absolument vrai, car un châtiment s'y est ajouté. C'est pourquoi nous employons, dans ce traité, le style chrétien, par lequel nous conduisons à l'intellection vraie, à savoir que toutes les maladies sont des fléaux, des exemples, indices ou commonéfactions, ce pourquoi Dieu nous les enlève par la foi, chrétiennement et non à la façon païenne par des médecines, mais vraiment dans le Christ. Car le malade qui place son espoir dans la Médecine n'est point du tout chrétien. Il advient, au contraire, que celui qui croit en Dieu, celui qui confie à Dieu le moyen par lequel il recherche la guérison, celui-là est vraiment chrétien, que cette guérison s'accomplisse miraculeusement, soit par les saints, soit par son industrie propre, soit par les médecins, soit par les bonnes femmes (*anus,* durch alte meiber). Or, vous autres, chrétiens, vous devez retenir qu'il faut que vous ayez Dieu pour médecin suprême. Celui-ci est l'altissime et non l'infime ; il est le puissant et le Tout-Puissant sans qui rien n'existe. Les païens et les infidèles invoquent les hommes à leur aide. Vous, au contraire, criez vers Dieu (*ad Deum vociferamini*). Lui seul vous enverra immédiatement, opportunément, votre guérisseur, que ce soit un saint, un médecin, ou tout autre.

CHAPITRE VI

PUISQUE nous avons déjà démontré que c'est Dieu qui accorde à la fois la santé et les maladies, nous ne ferons pas mention ici de la santé à recouvrer. Car cette partie du cinquième livre de la pratique n'est pas l'endroit propice pour traiter de ceci. Nous expliquerons plutôt ici comment l'ENTITÉ de Dieu a la puissance d'affliger de maladies tous les hommes, sauf ce qui provient du mouvement et de l'ordre de la nature, comme nous l'avons enseigné dans les quatre ENTITÉS précédentes. Nous vous préfigurerons ceci de cette manière par ces brèves paroles. Ne savez-vous pas que, dans ce monde, l'homme a été soumis à Dieu avec toutes les créatures. Donc de ceci vous devez reconnaître que Dieu est celui qui rend les êtres créés heureux ou malheureux (*fortunat aut infortunat,* glücffeligei unnd unglücffeliget). Remarquez ensuite que deux peines géminées sont dans la main de Dieu : l'une qui concerne la vie, l'autre la mort. De quelles causes proviennent celles-ci, nous l'expliquerons ailleurs. La peine qui suit la mort sera omise ici. Celle qui est infligée dans la vie, au contraire, doit être étudiée ici, et voici ce que nous en disons. Vous vous souvenez que la mort est venue du péché, à cause d'un seul homme qui, cependant, n'a pas accompli lui-même le crime; mais à-cause du grand jugement céleste, comme nous l'exposerons, au sujet de la mort, au livre *de Morte*. Notez ensuite que cette cause, qui a prononcé sur nous le jugement de mort, n'agit ensuite en rien contre nous. C'est le Créateur qui agit. Et tout ce qui ne prend pas le parti de l'adversaire, il le punit, non pour son péché, mais seulement pour le signe. Et ceci afin qu'ils sachent discerner qu'il les tient pour siens. Et ceux-ci ne sont soumis à aucun médecin. Car Dieu veut que ceux-ci, comme siens, soient signés du signe de l'adversaire. Mais il en est d'autres que Dieu punit par suite de leur foi parfaite et de leur demande. Ceux-ci, par une permission spéciale, sont soumis au médecin.

CHAPITRE VII

APPRENEZ donc ici qu'il n'est aucune médecine efficace contre la mort, mais seulement contre la maladie. Le médecin doit donc connaître très exactement celle-ci. Car aucun théologien ne l'indiquera au médecin. Et bien que les maladies soient vraiment engendrées par les quatre ENTITÉS, cependant ceci n'est pas une raison pour que l'on combatte contre la volonté de

Dieu. Il importe donc seulement de considérer l'heure et le temps. Prenez donc soigneusement garde de n'essayer aucun mode de médication, sinon lorsque l'heure de la récolte (*messis*, Ernte) approche, à laquelle l'un de vous doit récolter, soit Dieu, soit vous-même, ce que nous exposerons plus clairement au livre *de Morte*. Comment la médecine et les malades se comportent les uns les autres, ceci doit être soigneusement noté par vous, ô médecins, parce que les maladies surgissent par l'ordre divin, sans aucune autre cause, comme l'*Archidoxe* vous en convaincra ; et c'est aussi pourquoi les médecines naturelles ont été créées également par la Providence divine, et pourquoi encore, comme nous l'avons dit plus haut, nul malade ne peut être guéri, sinon lorsque l'heure de la récolte (*hora messis*) (c'est-à-dire l'ordre divin) est présente, comme la prédestination l'indique. Comment donc la médecine sera-t-elle en rapport avec ceci, de telle sorte que le médecin puisse, à bon droit, se déclarer médecin ? De la façon suivante : le médecin est le serviteur et le ministre de la nature. Il s'ensuit donc que le médecin ne peut guérir personne si Dieu ne l'envoie à l'endroit propice. Ainsi notez et remarquez que l'Ellébore[73] provoque

---

73 C'est l'Ellébore blanc, Ελλεβοφος λευχος, *Veratrum album* de Linné, *quod sursum purgat,* dit Macer Floridus (*De viribus herbarum* LVI), tandis que le noir provoque l'évaluation alvine, *nigrumque deorsum.*

le vomissement. Mais qu'il soit utile à tout médecin qui veut s'en servir, cela est faux. La raison en est qu'il n'est pas prédestiné à tous les médecins, de façon à être efficace par lui-même pour la guérison du malade à qui il est donné. Car l'art du vrai médecin émane de Dieu, de même que la *dose* et la pratique et le principe. Alors le malade est envoyé à celui-ci et celui-ci au malade. Et toute cité qui entretient un bon médecin, qui guérit beaucoup de malades, peut, à bon droit, publier sa félicité, plutôt que celle qui nourrit un mauvais médecin. Et nous entendons ceci également des médecins hiératiques (*de medicis sanctis*, don den Artzten der Heiligen) que nous n'entendons nullement exclure ici.

CHAPITRE *VIII*

SI vous désirez savoir pourquoi Dieu a créé la médecine et le médecin, quoiqu'il guérisse (*medicetur*[74]) lui-même, et pourquoi il opère par le médecin et ne guérit pas par lui-même sans l'aide du médecin,

---

74   Quoiqu'il soit le médecin lui-même, dit l'allemand : *deiweil und er der Artzt ist.*

remarquez, pour l'explication de ceci, qu'il est dans les arcanes de Dieu de ne pas vouloir que le malade sache que Dieu est médecin; mais afin que l'art et la pratique poursuivent leurs progrès et que l'homme ressente son aide, non seulement dans les miracles, mais la reconnaisse également dans les créatures de Dieu qui guérissent par artifice de la médecine, tout ceci par sa permission et au temps déterminé, comme nous l'avons rapporté plus haut.

Comprenez ensuite que les causes des maladies qui viennent de la puissance divine, c'est-à-dire de son ENTITÉ, ne peuvent pas être scrutées de façon à voir par qui, ou de quelle manière elles sont infligées, comme on peut le connaître fondamentalement dans les quatre autres ENTITÉS. On peut donner comme exemple de ceci: si quelqu'un, ayant du drap, s'en fait une tunique pour lui-même, suivant sa volonté[75], Ainsi Dieu agit aussi avec nous, d'une manière tellement secrète que nul médecin ne peut percevoir que le malade est couché (*decumbere*, francf ligt) gît malade) ou non couché par la puissance divine. Car il mélange (*commiscet*, der=mifcht) sa puissance (Semalt) et sa punition (*pœna*, Straff) si secrètement avec les quatre ENTITÉS, que personne ne considère autrement cette ENTITÉ que comme une des

---

75   Cet exemple ne nous paraît pas très explicite.

quatre ENTITÉS. Et c'est la cause ipsissime pour laquelle
certaines maladies des quatre ENTITÉS demandent à être
guéries sans aucune aide (*nulla ope*). Car l'heure de la fin
n'est pas proche, le temps n'est pas imminent ni le nombre. Qu'ils continuent donc et subsistent jusqu'à l'heure
de la mort, à laquelle se terminent toutes les maladies.
Alors il se fait une mutation tellement insigne, qu'aucune maladie ne subsiste au delà ; mais celle-ci est comme
transmuée du blanc au noir. Car pendant tout le temps
que dure la maladie, il n'y a aucune mort. Que ces paroles soient donc, pour vous chrétiens, une commonéfac-
tion du purgatoire et de l'heure de la fin.

PARTICULE PREMIÈRE

COMME nous vous l'avons exposé au sujet de l'ENTITÉ
de Dieu, vous devez donc tenir pour certain que
ce serait faire preuve d'une très grande vanité, si vous
ajoutiez une foi quelconque dans les arts (païens), quel
que soit votre degré d'habileté. Car ce serait agir païennement. Or, vous devez toujours vous diriger dans l'ENTITÉ
de Dieu. Et ceci est chrétien, et conjoint avec un succès
favorable. Car le médecin qui n'est pas en même temps
chrétien ne fait en rien la volonté de Dieu (qui est la prédestination), comme l'Archidoxe vous le montrera.

PARTICULE SECONDE

S'IL nous est objecté, par les médecins païens (qu'ils soient chrétiens ou infidèles, ils ne forment qu'une seule secte du moment qu'ils n'usent pas de la foi) qu'ils guérissent, eux aussi, les malades tout aussi heureusement que les médecins fidèles, ceci ne détruit ni n'atteint en rien notre ENTITÉ, pour la raison suivante. Car s'il est nécessaire qu'une chose soit faite, ou bien cesse, il faut que ceci soit accompli par ceux qui le peuvent ou qui sont présents. Or, c'est là que se trouve la différence, en ce que le fidèle n'opère pas contre la nature, comme le païen. Car le païen veut que la médecine réussisse, et l'y oblige comme s'il était Dieu lui-même. Le fidèle, au contraire, ayant accompli tout ce qui se rapporte à la médecine, si celle-ci ne réussit pas, il confie la guérison à l'heure et au temps où il plaira à Dieu. Car la médecine elle-même est la charrue des médecins, que Dieu n'a pas prohibée parce que l'utilité privée l'emporte et que la République n'est rien (*Respublica* — *gemein Rutz* — *nihil est*). Et alors il (Dieu) rend la subsistance difficile aux hommes pieux, le tout à la louange de sa créature, et afin que les vertus qu'il a créées, brillent de tout leur éclat, laquelle cause est préférable à toutes les autres, que nous avons énumérées auparavant, comme le *Musalogium* le démontre.

CONCLUSION DE LA SUSDITE PARENTHÈSE DE THÉOPHRASTE SUR LES CINQ ENTITÉS

Conclusion

A près vous avoir exposé cette Parenthèse, que nous avons insérée entre le prologue et les livres de la pratique, nous allons en établir ainsi la fin. Et, comme la Parenthèse vous l'a fait comprendre, vous avez découvert qu'il y a cinq Entités. Celles-ci sont extrêmement puissantes et efficaces pour introduire toute espèce de maladies, chacune d'elles considérée séparément. Ensuite, la Parenthèse étant terminée, l'Œuvre commence, qui est divisée dans son cours, en cinq parties, comme le montre le Prologue qui motive cette conclusion. Vous considérerez bien, au sujet de celles-ci, que vous ne devez pas croire que la pratique n'a été constituée que sur les maladies d'une seule origine, mais vous devez savoir qu'elle est exposée, divisée en cinq voies, comme il a été dit ci-dessus. Peut-être, si vous êtes médecins de l'Entité naturelle, avec les astronomes, vos complices, ne nous ménagerez-vous pas? Or, rien ne nous émouvra, pas même les écrits théologiques eux-mêmes. Car, jusqu'ici, nous n'avons pas trouvé beaucoup de vérité parmi vous, si nous parlons des fondements et des vrais principes. Si vous voulez passer tout à fait pour de bons et habiles médecins, appliquez-vous à ne pas perdre votre cause par le style chrétien et païen que vous étudiez, et ne souffrez pas d'être contredits par les médecins ignorants qui s'habillent de rouge et de noir. Car ce sont des Phantastes qui disent des sornettes (*nugantur*), suivant leur fantaisie, et auxquels nul ne peut se lier. Et, dans cette conclusion, notez qu'il y a deux parties dont l'homme se sert : l'Art et la Fantaisie. L'Art (c'est-à-dire toute raison, sapience et intelligence), procède dans la vérité, qui s'appuie sur la base de l'expérience. Ceux qui s'adonnent aux Phantasmes manquent de base. Car l'opinion préconçue *(præsumta sententia, für gelegte meinung)* n'est qu'une ambition avouée et manifeste, que vous n'êtes pas sans connaître dans votre entourage. A l'égard de ces deux parties, il convient à l'homme sapient d'être parfaitement accompli et instruit, c'est-à-dire qu'il doit être un homme habile dans l'art *(artifex,* ein Rûnftler), et non un charlatan vêtu de rouge *(purpuratus phantasta)* ein Fantaft don Farben).

TABLE DES MATIÈRES

DEUXIÈME LIVRE PAYEN (PAGOYUM) OU PARENTHÈSE
SECONDE DE L'ENTITÉ DU POISON (*DE ENTE VENENI*)

PARENTHÈSE INTERCLUSE
LIVRE TROISIÈME ET TROISIÈME LIVRE PAYEN (*PAGOYUM*)
DE L'ENTITÉ NATURELLE (*DE ENTE NATURALIS*)

TEXTE DE LA PARENTHÈSE SUR LA QUATRIÈME
ENTITÉ LIVRE QUATRIÈME & PAYEN (*PAGOYUM*) DE
L'ENTITÉ SPIRITUELLE (*DE ENTE SPIRITUALI*)

TEXTE DE LA PARENTHÈSE SUR LA CINQUIÈME
ENTITÉ LIVRE CINQUIÈME ET NON PAYEN (*NON
PAGOYUM*) DE L'ENTITÉ DE DIEU (*DE ENTE DEI*)

CONCLUSION DE LA SUSDITE PARENTHÈSE DE
THÉOPHRASTE SUR LES CINQ ENTITÉS